U0075486

大河劇中的幕末・戰國

日本歷史人物

大河ドラマに登場する

日本の歴史人物

附MP3 CD

笹沼俊曉　著
林彥伶　譯

鴻儒堂出版社發行

前書き

　本書は、『階梯日本語雑誌』（鴻儒堂書局）に、2008年1月から2009年12月まで毎月連載した「日本の歴史人物」をもとにしたものです。当時、日本の公共放送局ＮＨＫで、「大河ドラマ」として『篤姫』（2008）、『天地人』（2009）が放映されていました。連載は、これらのドラマとゆかりのある歴史人物について、中国語の訳文と対照しながら学べる日本語・日本文化教材として、執筆しました。

　本書は、『篤姫』の舞台となる幕末期の歴史人物を解説した前半と、『天地人』の描く戦国期に焦点をあてた後半に分かれます。それぞれの人物の生涯について概説していますが、それだけでは歴史の勉強として不十分です。本書は、大河ドラマの登場人物をとおして、背景となる時代や社会、思想などについても、さまざまな視点から学べるよう執筆しました。とくに、歴史上の人物が、これまでにどのように描かれ、評価され、どのような背景からキャラクター化されてきたか、という視点を重視しました。

『篤姫』、『天地人』の後にも、NHKは、『竜馬伝』（2010）、『江 〜姫たちの戦国〜』（2011）、『八重の桜』（2013）、『軍師勘兵衛』（2014）、『花燃ゆ』（2015）、『真田丸』（2016）、『おんな城主　直虎』（2017）、『西郷どん』（2018）年など、幕末・戦国の時代を舞台とした大河ドラマを、ほとんど毎年のように製作しました。2020年には、明智光秀を主人公とした『麒麟がくる』の放映が予定されています。

本書で解説した歴史人物の多くが、これらのドラマの中で、異なる役者によって、異なる角度から描かれています。本書を参考としつつ、同じ歴史人物がどのように描かれているかを比べながら考察するのも、歴史ドラマの楽しみ方の一つといえるかもしれません。

本書をとおして、日本語を学びつつ、多様な角度から歴史を考えるきっかけができれば、幸いです。

2019年8月1日

笹沼俊暁

前　言

本書是以2008年1月至2009年12月『階梯日本語雜誌』（鴻儒堂書局）每月連載的『日本歷史人物』爲基礎。當時，日本NHK的『大河劇』播出了『篤姬』（2008）和『天地人』（2009）。關於與這些戲劇有淵源的歷史人物，我寫了可與中譯文對照並作爲學習日語‧日本文化的教材。

本書分爲兩個部分。前半部解說作爲『篤姬』舞台的幕末時期的歷史人物，而後半部則是以『天地人』所描繪的戰國時期爲中心。雖然概述了各個人物的生平，但僅憑這些還不足以作爲歷史的研究。本書的目的是通過大河劇登場的人物，從各種角度了解時代背景、社會和思想。本書特別重視歷史人物如何被描寫、評價以及他們是在怎樣的背景下被角色定型化。

在『篤姬』和『天地人』之後，NHK也幾乎每年都會製作以幕末‧戰國時代爲舞台的大河劇，例如『龍馬傳』（2010），『江～公主們的戰國～』（2011），『八重之櫻』（2013），『軍師勘兵衛』（2014年），『花燃燒』（2015年），『眞田丸』（2016年），『女城主直虎』

（2017年），『西鄉殿』（2018年）等。在2020年，則計劃播放以明智光秀爲主角的『麒麟來了』。

　　本書介紹的許多歷史人物多是在這些戲劇中，由不同的角色以不同角度描述的。可以說，參考本書，比較同一個歷史人物是如何被描繪的，也是享受歷史劇的方法之一。

　　希望透過本書，可以在學習日語的同時，也能從各個觀點思考歷史。

2019年8月1日

笹沼俊曉

目　錄

幕末篇

戰國篇

幕末編

第一回

天璋院 篤姫

1836年〜1883年

　2008年一月からNHK総合で、宮尾登美子『天璋院篤姫』を原作とした大河ドラマ『篤姫』が放映されます。そのヒロインが、天璋院篤姫（1835〜1883年）です。

　通常、日本のNHK大河ドラマでは、日本の歴史上で政治的に重要な役割を果たした有名人物が主人公としてとりあげられます。そしてそれは、源義経や豊臣秀吉、徳川家康、西郷隆盛といった男性の場合がほとんどでした。NHK大河ドラマとは、いってみれば、男性を中心とした視線からの日本史像を、視聴者に国民的な教養として共有させる一面をもっているのです。しかし、今回の『篤姫』は、1989年の『春日局』以来、実に19年ぶりで、女性を単独で主人公として登場させる作品になります。女性の視点からの日本の幕末・維新史が、はたしてどのような映像として、われわれ視聴者の前に現れることになるでしょうか。これからの放映に期待することとしましょう。

　天璋院あるいは篤姫といっても、多くの読者にとっては耳慣れない名前かもしれません。篤姫は、江戸幕府の十三代将軍徳川家定の御台所（正室）です。もともと彼女は、薩摩藩主の分家で今泉領主の島津忠剛の娘として

2008年1月起NHK綜合台開始播放由宮尾登美子原著《天璋院篤姬》改編的歷史連續劇《篤姬》。女主角就是天璋院篤姬（1835～1883年）。

NHK歷史連續劇通常以日本歷史中，在政治上舉足輕重的知名人物為主角，而且多半都是男性，例如源義經或豐臣秀吉、德川家康、西鄉隆盛。NHK歷史連續劇可以說具有一種特質，就是把以男性為中心來看的日本史，變成對觀眾的全民通識教育。不過這次的《篤姬》可是繼1989年《春日局》之後，19年來首次由女性一人獨挑大樑的作品。以女性觀點來看的日本幕府末年及明治維新史，究竟會以怎樣的景象呈現在觀眾眼前？就讓我們拭目以待吧。

不管是天璋院還是篤姬，大部分的讀者可能都沒聽過這個名字。篤姬是江戶幕府第13代將軍德川家定的御台所（正室）。她原本是薩摩藩主的分支——今泉領主島津忠剛的女兒，但被當時人稱為幕府末年屈指可數的名君─薩摩藩主島津齊彬相中收為養女，並嫁給將軍德川家定作為正室。當年幕府歷經美國培利將軍的黑船叩關事件後，正處於要開國或攘夷排外的分歧點。將軍德川家定為了要渡過如此重大難關，在政務壓力下身心俱疲，而幕府與大名為了繼任的將軍人選而分成兩派。一邊是一橋派，支持德川御三家中水戶德川家的德川齊昭

生まれました。しかし、幕末屈指の名君とよばれる時の

薩摩藩主島津斉彬に見出されてその養女となり、将軍徳

川家定の正室として嫁ぐことになります。当時、幕府は

ペリーの黒船来航をきっかけとして、開国か攘夷かをめ

ぐる岐路に立たされていました。そして、こうした重大

な局面を乗り切るために、心身ともに政務に耐えられな

かった将軍家定の次に、誰を次の将軍とするかをめぐっ

て、幕府と諸侯たちは大きく二つの派に分かれることに

なったのです。徳川御三家のうち、水戸徳川家の徳川斉

昭の子で、より年長で英邁のほまれ高かった一橋慶喜を

立てようとする一橋派、そして当時まだ幼少ながらもよ

り家格の高い紀伊徳川家の徳川慶福を立てようとする南

紀派です。薩摩藩主島津斉彬は、一橋慶喜と親しく、老

中阿部正弘らとともに一橋派の有力なメンバーでした。

当然、篤姫の輿入れは、慶喜擁立派を有利にしようとす

る養父斉彬の政治的思惑を担うものでした。

　しかし、当時の江戸城の大奥は、徳川斉昭を嫌う風潮

もあり多くが南紀派に傾いていました。また、夫の家定

は、篤姫が輿入れしてからわずか一年七ヶ月後に急逝し

てしまいます。阿部正弘に続き養父の島津斉彬までもが

之子，較年長且英名遠播的一橋慶喜；一邊是南紀派，支持當時仍年幼但家世尊貴的紀伊德川家的德川慶福。薩摩藩主島津齊彬與一橋慶喜交好，和老中阿部正弘等人同屬一橋派的強力支持者。當然，篤姬嫁入將軍家，就是養父齊彬為了加強慶喜派勢力的政治運作。

但是當時江戶城的將軍後宮女眷一般對德川齊昭沒什麼好感，多傾向支持南紀派。再加上篤姬的丈夫家定在她嫁入門短短1年7個月後就突然撒手人寰。養父島津齊彬又繼阿部正弘之後去世，後來在南紀派大老井伊直弼主導下，發生安政大獄事件，大舉鏟除一橋派，由改名為家茂的德川慶福繼任為將軍。篤姬雖未能達成養父的使命，但之後她以「天璋院」的身分，擔起第14代將軍家茂母親的角色，在後宮努力協助德川家渡過幕府末年時代的巨變。

在江戶城的將軍後宮裡，篤姬面臨的第二個難關就是和宮公主的問題。井伊直弼在櫻田門外之變中被暗殺後，幕府內興起加強與朝廷友好關係，結合朝廷傳統權威，重新整合幕府體制的公武合體論，其策略就是促成孝明天皇之妹和宮與將軍家茂的政治聯姻。和宮嫁到江戶城後，要眾人稱她「宮樣」（對皇族的敬稱），寫信時還只稱篤姬為「天璋院」沒加上敬稱。而且又把親生母親及多達80名的隨侍女官，連同京都的風俗習慣、

死去し、その後南紀派の大老井伊直弼による安政の大獄で一橋派粛清の嵐が吹き荒れることとなり、次期将軍は徳川慶福改め家茂が次ぐこととなりました。篤姫は、養父からの使命を全うすることができなくなりましたが、そのかわり、以後は、「天璋院」として十四代将軍家茂の母の役割を務め、幕末の激動の時代を、大奥にあって徳川家の存続のために尽力していくことになります。

　江戸城の大奥にあって、篤姫が次に直面した大きな困難は、皇女和宮の問題でした。井伊直弼が桜田門外の変で暗殺されたのち、幕府では朝廷との融和を進める公武合体論がおこり、その策として時の孝明天皇の妹和宮と将軍家茂の政略結婚が進められました。和宮は江戸城に輿入れすると、自らを「宮様」と呼ばせ、「天璋院」と敬称抜きで書状をしたためました。また、実母やお付の80名もの女官らと共に、京風のしきたりや習慣、言葉遣いを江戸城に持ち込み、天璋院の女中たちとのあいだで多くのいさかいを生むことになりました。将軍家茂と和宮の夫婦関係は、おおむね良好だったようですが、家茂は、第二次長州征伐のさなか、わずか21歳で死去してしまいました。その後は、天璋院の意に反して、徳川慶

用語統統帶到江户城來，和天璋院的宫女們發生許多口角。將軍家茂與和宫夫妻感情似乎還不錯，只是家茂在第二次長州征伐時，年僅21歲即殞世。後來儘管天璋院不樂見，還是由德川慶喜繼任為第15代將軍。天璋院一開始是支持一橋派的，不過對慶喜個人似乎相當反感。慶喜想法開明，喜歡接觸外國事物，也樂於和外交官來往。相對於此，保守的天璋院則是不斷重申要攘夷排外的心願。戊辰戰爭之際，天璋院還執意拒絕去見身著法式軍服的慶喜。

戊辰戰爭中，薩長軍一路勢如破竹，當官軍攻至江户城時，薩摩藩的使者想要帶走天璋院，但天璋院決定死也要做德川家的鬼，於是拒絕了。然後和靜寬院（和宫）一起祈求慶喜及其他德川家的人平安歸來。明治維新後，她為了養育繼承德川家的德川家達，以及安排後宫眾人就業、照料她們的生活而四處奔走。生逢幕末維新期這個動盪不安的時代，她大半生都在後宫扶持德川家，承擔起時代的使命。

喜が十五代将軍として後を継ぐことになります。天璋院は、はじめ一橋擁立派でしたが、慶喜個人に対しては相当の嫌悪感をもっていたようです。開明的で、諸外国の事物や外交官らとの交際を好んだ慶喜に対して、保守的な天璋院は、攘夷の嘆願を繰り返しました。戊辰戦争の折には、フランス風の軍服に身を包んだ慶喜に会うことを、天璋院は頑なに拒絶しました。

　戊辰戦争が薩長軍の圧勝で展開し、官軍が江戸城にせまると、薩摩藩の使者は天璋院の身柄を引き取ろうとします。しかし、徳川家に骨を埋めるつもりでいた天璋院はそれを断りました。そして、静寛院（和宮）とともに、慶喜をふくむ徳川家の人々の安全を嘆願しました。明治維新後は、徳川宗家を継いだ徳川家達の養育や、大奥の人々の就職や生活の世話などに奔走しました。幕末維新期の動乱の時代にあって、大奥から徳川家を支え、時代を担った生涯でした。

第二回

しま　づ　なり　あきら
島津斉彬

 ～

1809年～1858年

鹿兒島的照國神社內的島津齊彬銅像

　篤姫を十三代将軍徳川家定のもとに嫁がせる立役者となったのは、彼女の養父であり幕末屈指の名君とよばれる薩摩藩第十一代藩主・島津斉彬（1809〜1858年）です。島津斉彬は、松平慶永（福井藩主）、山内容堂（土佐藩主）、伊達宗城（宇和島藩主）と並んで幕末の四賢侯と称されましたが、斉彬の先進性と業績、後世に与えた影響の大きさは群を抜いています。

　もともと島津氏は、鎌倉時代初期に、将軍源頼朝から地頭に任ぜられたことから、九州南部の支配を始めたといわれています。豊臣秀吉の九州征伐後も本領を安堵され、また関ヶ原の戦いでは西軍について徳川家康と敵対したにも関わらず、所領の継続を認められました。このように徳川将軍家よりはるかに古い歴史をもつ島津薩摩は、江戸幕府の体制下にあっても、郷中制という戦国から続く独特の武士制度を維持し、また外部との交通を厳しく制限し、琉球王国を服属下に置くなど、諸藩でも異彩を放つ半独立国的な性格を強く持っていました。

　江戸時代をとおして薩摩藩は、シラス台地という農業に不利な土地柄や台風、火山などの自然災害のため、慢

篤姬與十三代將軍德川家定婚事的主導人，是她的養父，也是人稱幕末屈指可數的名君—薩摩藩第十一代藩主島津齊彬（1809～1858）。島津齊彬和松平慶永（福井藩主）、山內容堂（土佐藩主）、伊達宗城（宇和島藩主）被稱為幕末四賢侯，但齊彬的先進特質、業績，以及帶給後世的影響都遙遙領先其他人。

據說島津家從鎌倉時代初期，由將軍源賴朝任命為「地頭」（莊園管理者的職稱）起，便開始統治九州南部。豐臣秀吉征伐九州後也承認其領地所有權，後來僅管島津家在關原大戰中支持西軍，與德川家康為敵，幕府還是准許島津家繼續統領該地。像這樣歷史遠比德川將軍家還悠久的島津薩摩，即使在江戶幕府的體制下，依然維持自戰國時代沿續下來的一種獨特的武士制度—鄉中制，還嚴格管制對外交通，並令琉球王國臣屬自己等等，在各藩之中獨放異彩，擁有強烈的半獨立國特質。

整個江戶時代，薩摩藩因為地處不利發展農業的白砂台地，還有颱風、火山等天然災害，出現慢性的財政惡化問題。不過到了江戶末期，家老調所廣鄉推動藩政改革，加強處理藩債、強化臣屬地奄美群島的砂糖專賣制度，並透過琉球群島擴大與中國貿易等等，開始獲得巨大利益。這財政基礎成為薩摩

性的な財政難に悩まされていました。しかし、江戸末期の調所広郷による藩政改革により、藩債処理や、服属下においていた奄美諸島の砂糖の専売制度の強化、琉球諸島を介した中国との貿易の拡大などをとおして、巨利を得るようになりました。この財政的な基礎が、薩摩藩を諸藩の雄として明治維新の立役者とする原動力になってゆきます。そして1851年、島津斉彬は薩摩藩主の座につくと、集成館事業とよばれる薩摩藩独自での近代的な富国強兵・殖産興業政策に着手しました。反射炉や溶鉱炉、硝子窯などの設備を備えた工場群を建設し、大砲や地雷・水雷・ガラス・ガス灯などを作り、外貨獲得のため輸出用として薩摩切子を開発したのです。

　話は変わりますが、江戸時代の日本というと、「鎖国」というイメージがあります。しかし、江戸時代の日本が鎖国していたというのは、正確でありません。鎖国という言葉が使われ始めたのは幕末以降であり、それまではそのような言い方はしませんでした。実際には、江戸期の日本は、北海道の松前藩を通してアイヌ民族と、対馬藩を通して朝鮮と、長崎を通して中国・オランダと

藩領先各藩、主導明治維新的原動力。1851年島津齊彬繼位為薩摩藩主後，開始推動薩摩藩獨自的近代化富國強兵、增產興業政策，人稱集成館事業。他建設了擁有反射爐、熔礦爐、玻璃窯爐等設備的工場群，生產大砲、地雷、水雷、玻璃、瓦斯燈等，並為了賺取外匯，開發出外銷用的薩摩雕刻玻璃。

　　説到江戶時代的日本，大家的印象都是「鎖國」。但是説江戶時代的日本實施鎖國政策並不正確。鎖國這個詞開始出現，是在幕府末年，之前並沒有這樣的説法。事實上在江戶時期，日本透過北海道的松前藩和愛奴民族來往，透過對馬藩和朝鮮來往，透過長崎和中國、荷蘭來往。而薩摩藩可經由琉球與外部交流，因此很早就對海外事物有高度興趣。特別是齊彬的祖父島津重豪還被稱為「蘭癖」，是個西洋通，甚至還懂荷蘭語。齊彬的才華受到重豪高度肯定，並受其影響，對西洋事物極感興趣。

　　熟悉海外資訊的齊彬，在得知1840年開打的中英鴉片戰爭中清朝慘敗的消息後，感到憂心忡忡，擔心歐美列強侵略及殖民統治的矛頭會指向日本。透過集成館事業所推動的增產興業與富國強兵策略，就是為了自我防衛而開始的。除此之外，齊彬也是第一個提倡日章旗（白底紅日旗）的人，並收容土佐藩的海上漂流者中濱萬次郎（約翰萬次郎）、成功建造西式帆船

の交渉がありました。そして、薩摩藩は、琉球を介して外部と交渉する機会があり、そのため、早くから海外に対する関心が高い傾向があったのです。特に、斉彬の曽祖父の島津重豪は、「蘭癖」と呼ばれ、オランダ語を解すほどの蘭学通でした。斉彬はこの重豪から才能を高く評価され、彼の影響から洋学に強く関心をもつようになりました。

　海外の情報に詳しかった斉彬は、1840年に清とイギリスの間でおこなわれたアヘン戦争が、清の惨敗に終わったという情報を得て、深い憂慮を抱きました。欧米列強の侵略と植民地支配の矛先が、日本にまで向けられることを恐れたのです。集成館事業による殖産興業と富国強兵化は、そのための防衛手段として始めたものでした。ほかにも斉彬は日章旗を始めて提唱し、土佐藩の漂流民の中浜万次郎（ジョン万次郎）を保護し、西洋式の帆船や軍艦を完成させ、帆船の帆布をつくるために木綿紡績業をおこすなど、先進的な事業を次々と展開しました。肖像写真のモデルとなった最初の大名であり、自身も写真撮影の高い技術をもっていました。そして、下級武士

←島津齊彬像

及軍艦、為製造帆船用的帆布而成立棉紡織業等等，陸續推動先進的事業。他是第一個成為肖象照模特兒的大名，本人也擁有高度的攝影技術。他另一項值得一提的功績，就是從下級武士中，發掘出大久保正助（利通）及西鄉吉之助（隆盛）等人的才華並加以教育。齊彬的近代化事業，後來被沿用成為明治政府的政策。

在將軍繼嗣的問題上，一橋慶喜（德川慶喜）時人稱頌為自家康之後數百年一見的能人，齊彬也與他私交甚篤，因此策劃擁立他。將篤姬嫁入江戶城，也是基於這個目的的政治策略。原本只是島津家眾多支系中的一位小公主—篤姬，就在這位非凡賢侯島津齊彬的策劃之下，成為將軍的正室，在幕末的動亂中，扮演推動時代的重要角色。

のなかから大久保正助（利通）や西郷吉之助（隆盛）と
いった才能を発掘し教育した功績は特筆すべきでしょ
う。斉彬による近代化事業は、のちに明治政府の政策と
して引き継がれていくことになるのです。

　斉彬は、将軍継嗣問題では、家康以来の才能をうたわ
れ個人的にも親しかった一橋慶喜（徳川慶喜）の擁立を
画策しました。篤姫の江戸城への輿入れは、そのための
政略からなされたものでした。もともと島津家の数多あ
る支族のうちの一公主に過ぎなかった篤姫は、この並々
ならぬ賢侯・島津斉彬の思惑によって、将軍の正室とし
て幕末の動乱のなか時代を動かす重要な役割を演じるこ
とになったのです。

第三回

井伊直弼
いい　なお　すけ

1815～1860年

　明治維新というと、鎖国を守り通してきた保守的で排他的な江戸幕府に変わり、開明的な明治政府が西欧の文物を取り入れて近代化を進めた、というイメージがあります。しかし、もともと討幕運動と明治維新は、尊皇攘夷という天皇を尊び外国人を撃退しようとする保守的な思想を背景として行われたものでした。積極的に開国を進めようといち早く動いていたのは、むしろ江戸幕府の側でした。尊皇攘夷という保守的な思想によって、結果的に急進的な近代化がもたらされたのです。歴史には、往々にしてこうした逆説がみられます。そこが歴史の不思議さであり、また面白さでもあるといえましょう。

　井伊直弼（1815～1860年）は、幕末の動乱期に、大老という江戸幕府の実権を握る座に就き、アメリカ合衆国からの要求を受け入れ、国内の反対意見を退けて開国を断行した人物です。直弼は、徳川幕府の最も有力な譜代大名のひとつである彦根藩の第十三代藩主井伊直中の十四男として生まれました。第十四代藩主であった兄の世子が亡くなると、兄の養子という形で彦根藩主の座を継ぎ、幕政をも担っていくことになりました。

提到明治維新，一般人的印象都是：開明的明治政府取代保守排外、長期鎖國的江戶幕府，引進西歐文物，並推動近代化。但其實倒幕運動和明治維新原本是從尊皇攘夷，也就是以天皇為尊、擊退外國人這種保守思想而來的。早一步採取行動，想積極開放國門的反而是江戶幕府。尊王攘夷這種保守思想，結果導致了激進的近代化。歷史上往往會看到這樣的矛盾。這可以說是歷史的奇妙之處，也是它有趣的地方。

　　井伊直弼（1815～1860年）這個人物在幕末動亂期坐上掌控江戶幕府實權的大老之位，同意美利堅合眾國的要求，摒退國內反對意見，斷然開國。彥根藩是德川幕府最有力的譜代大名（在關原之戰以前即追隨德川家的元老級家臣）之一，而直弼是彥根藩第13代藩主井伊直中的第14個兒子。擔任第14代藩主的兄長死了嗣子之後，直弼以兄長養子的名義繼承彥根藩主之位，也開始掌理幕府政務。

　　培理（Matthew Calbraith Perry）叩關事件後，江戶幕府內部出現要開國或攘夷的爭論。直弼很快地表明開國的立場，與主張攘夷的水戶藩主德川齊昭僵持不下。在將軍繼嗣問題方面，他是推舉德川慶福的南紀派代表，與代表一橋慶喜擁立派的齊昭在這一點也形成對峙。對於奉養父島津齊彬之命支持一

　ペリーの黒船来航後、江戸幕府の内部では開国か攘夷

かをめぐって議論がありました。直弼はいち早く開国の

立場を打ち出し、攘夷を主張する水戸藩主の徳川斉昭と

鋭く対立しました。また、将軍継嗣問題では徳川慶福を

推挙する南紀派の代表者となり、一橋慶喜擁立派を代表

する斉昭と、その点でも対立しました。そして、養父島

津斉彬の命をうけて一橋擁立派であった篤姫の前に、直

弼は大きく立ちはだかることになります。

　　1858年に直弼は、南紀派の政治工作によって大老に就

任しました。そしてその直後に、強硬な攘夷論者であっ

た孝明天皇の勅許を得ないままに、アメリカ合衆国と

の間に日米修好通商条約を結び、正式に日本を開国させ

ました。そして、徳川慶福改め家茂を第十四代将軍に据

え、徳川斉昭や松平慶永ら一橋擁立派を蟄居させて、反

対派を強引に抑え込みました。

　　ところで、ペリー来航以降の日本で流行した尊皇攘夷

思想とは、どのようなものだったのでしょうか。それに

は、水戸藩でおこった水戸学と呼ばれる学問の影響が大

きかったといえます。もともと水戸学は、江戸初期に水

橋慶喜的篤姬來說，直弼是一道很大的阻礙。

1858年，直弼在南紀派的政治運作下成為大老。隨即在未得到強烈主張攘夷的孝明天皇敕准下，與美利堅合眾國締結日美修好通商條約，正式讓日本開國。並立改名家茂的德川慶福為第14代將軍，又對德川齊昭及松平慶永等一橋擁立派處以禁足令，強硬壓制反對派。

話說回來，培理叩關後日本所流行的尊皇攘夷思想，又是怎樣的思想？我們可以說它受到在水戶藩興起的水戶學說極大影響。水戶學是從江戶初期水戶光圀為編纂《大日本史》而開創的一種學說。《大日本史》是依據朱子學的名分論，從尊王者為善的史觀所寫的史書。到了幕府末年，在藤田幽谷、會澤正志齋、藤田藤湖等學者的闡釋下，它尊皇攘夷思想這一部分變得更加明確、激進。這種思想被稱為「後期水戶學」，特徵是在朱子學的名分論之外，還從《古事記》《日本書紀》等神道及日本國學要素中，尋找尊王思想的依據。而井伊直弼的政敵—水戶藩主德川齊昭還設立藩校「弘道館」推廣水戶學，成為尊皇攘夷論的強力後盾。

不過或許在實際執掌政權的井伊直弼眼中，大部分的尊皇攘夷論者都是不切實際的人，他們不懂列強的實力，只會盲目

戸光圀によって、『大日本史』という歴史書の編纂を目的として始まりました。『大日本史』は、朱子学の名分論に基づいて、尊王の立場に立ったものを善とする史観によって書かれたものです。幕末になると、藤田幽谷、会沢正志斎、藤田藤湖らの学者によって、その尊皇攘夷思想の側面がより明確化・先鋭化されます。それは後期水戸学と呼ばれ、尊王思想の根拠を、朱子学の名分論に加えて『古事記』『日本書紀』の記述という神道・国学的な要素に求めるところに特徴がありました。そして、井伊直弼の政敵であった水戸藩主徳川斉昭は、藩校として「弘道館」を設立して水戸学を広めるなど、尊皇攘夷論の強力な後ろ盾となっていたのです。

　しかし、現実に政権を担当する井伊直弼の目から見れば、尊皇攘夷論者の多くは、列強の力を知らずに神懸り的に外国人排斥を訴える、非現実的な人々にしか見えなかったことでしょう。直弼は、条約調印および徳川慶福擁立に反対する尊攘派の志士や公卿らに、安政の大獄とよばれる大弾圧を加えました。粛清の対象は百人以上にも及びました。そして直弼のこうした強引なやり方は、

23

地排斥外國人。對於反對簽署條約並擁立德川慶福的尊皇攘夷派志士公卿，直弼祭出被稱為安政大獄的強烈鎮壓手段。肅清的對象多達百人以上。而直弼這種強硬作風，再加上無視天皇想法，擅自簽定條約一事，引起尊皇攘夷派的強烈復仇意志。1860年3月，井伊直弼在率眾經過江戶城櫻田門外時，遭到一群水戶流浪武士襲擊，遇刺身亡。這場櫻田門外之變造成幕府威信大墜。

本來水戶學雖然主張以天皇為尊，但並不包含推翻幕府的思想。不過在安政大獄中，許多尊王攘夷派人士被殺，認清幕府無意攘夷之後，情況逐漸改變。而長州藩與薩摩藩的攘夷論者歷經了1854年的下關戰爭（又稱馬關戰爭）與1863年的薩英戰爭，在列強攻擊下損傷慘重，從中體認到攘夷運動在現實中有多麼困難。再加上津和野藩的大國隆正等人提倡「大攘夷論」，主張要開國並致力富國強兵，才能完成攘夷大業，自此尊皇攘夷論大幅變質，走向明治維新之路。

天皇の意向を無視して条約を結んだこともあり、尊皇攘夷派の激しい復讐心を買うことになりました。1860年3月、井伊直弼は江戸城桜田門外を行列で通っていた所を、水戸浪士の一団に襲われ、暗殺されました。この桜田門外の変の結果、幕府の権威は大きく失墜することになります。

　もともと水戸学は、天皇を尊ぶことを主張してはいても、幕府を倒そうとする思想はありませんでした。しかし、安政の大獄によって尊攘派の多くが殺され、幕府に攘夷を実行する意思がないことが明らかになると、状況は次第に変化していきました。また、長州藩および薩摩藩の攘夷論者たちは、1854年の下関戦争や1863年の薩英戦争で、列強の攻撃により大きな損害を被ったことから、攘夷の現実的な困難さを身をもって知りました。さらに津和野藩の大国隆正らによって、開国して富国強兵を図ることによって攘夷を成し遂げようとする「大攘夷論」が提唱されたこともあり、以降、尊皇攘夷論は大きく変質して、明治維新の方向へと向かっていったのです。

第四回

しま づ ひさ みつ
島津久光

1817年～1887年

　前回、私たちは、井伊直弼と尊皇攘夷派の思想を材料に、歴史の逆説ということについて少々考えてみました。時代は、おうおうにして、その担い手である個々の人間の思惑を大きく逸脱して進んでいきます。進歩的に見える勢力が時代の変化を遅らせることもあれば、保守的な勢力が社会変革をもたらすこともあります。明治維新の実現もまた、一人の極めて保守的な思想の持ち主の政治的判断によるところが大きかったのです。

　島津久光（1817〜1887年）は、篤姫の養父である薩摩藩第十一代藩主島津斉彬の異母弟であり、第十二代藩主島津忠義の父です。薩摩藩の最高権力者として倒幕の政治的決断をおこないました。久光が薩摩藩の権力の座につくにあたっては、多くの紆余曲折がありました。久光と斉彬の個人的な関係は悪くなかったようなのですが、父・斉興の跡継ぎをめぐって、島津家が真っ二つに分かれるお由羅騒動とよばれる政争が展開されてしまったのです。結局は、斉彬擁立派が勝利し、斉彬が第十一代薩摩藩主の座につくことになりました。しかし、斉彬が1858年に急死すると、久光は、その後を継いだ藩主・

上一回我們透過井伊直弼與尊皇攘夷派的思想，稍微看了一下何謂歷史的矛盾。時代前進的方向，往往會大幅跳脫一個個推動歷史滾輪者的預期。有時候看似先進的勢力反而會延緩時代的變化，而保守勢力卻帶來社會變革。像明治維新的實現，就有很大一部分是來自於一個思想極端保守者的政治判斷。

　　島津久光（1817～1887年）是篤姬養父薩摩藩第十一代藩主島津齊彬的異母弟弟，也是第十二代藩主島津忠義的父親。他掌控薩摩藩實權，並做出推翻幕府的政治決策。久光掌握薩摩藩實權一事，歷經一波三折。久光與齊彬似乎私交不惡，但為了父親齊興的繼任人選問題，島津家出現了一場讓島津家兩派對立的政爭，史稱由羅騷動（由羅是齊興的愛妾，也是久光的生母）。最後擁齊彬派獲勝，由齊彬坐上第十一代薩摩藩主的寶座。但齊彬於1858年猝死，之後久光便以繼任藩主忠義生父之名，掌控薩摩藩的實權，被稱為「國父」、「副城公」。

　　原本久光的政治理念傾向於「公武合體」，希望加強幕府與朝廷的關係，和倒幕派的立場完全相反。他認為應透過強化與朝廷的關係，鞏固幕府權力，因此多次到江戶及京都，對中央政界進行種種運作。也曾討伐薩摩藩內激進的尊攘派人士，

忠義の実父として「国父」「副城公」と呼ばれ、藩の権力を掌握することになります。

　もともとの久光の政治的信念は、幕府と朝廷の関係を強化する「公武合体」とよばれる考え方でした。倒幕とは全く逆の立場でした。彼は、朝廷との関係を強化することで幕府権力をより強固なものにするべく、たびたび江戸や京へ上って、中央政界へ様々な働きかけをおこないました。薩摩藩内の尊攘派の過激派を討伐する寺田屋事件をおこし、また将軍徳川家茂の上洛を建議するなどしました。また、幕政改革のために、一橋慶喜の将軍後見職・春嶽の政事総裁職就任を実現させました。なお、その間に、現神奈川県の生麦村で、行列を乱したとの理由でイギリス民間人を薩摩藩士が殺傷するという生麦事件をおこし、その賠償をめぐって1863年にイギリスとの間で薩英戦争がおこっています。

　しかしながら、幕府権力を強化しようとする久光の意思は、幕府側にはうまく届かなかったようです。1863年に、久光は公武合体論を実現させるべく、一橋慶喜を筆頭に、会津藩主・松平容保、前越前福井藩主・松平春

引發寺田屋事件；還上書籲請將軍德川家茂進京。此外，為了推動幕政改革，他還操作讓一橋慶喜就任將軍後見職，讓松平春嶽擔任政事總裁職。其間還發生了生麥事件：在現今神奈川縣的生麥村，一名薩摩藩武士以擾亂隊伍行進為由，砍傷英國平民，之後因賠償問題，1863年發生了薩摩藩與英國之間的薩英戰爭。

　　但久光希望加強幕府權力的意見，似乎並未成功地讓幕府聽進去。1863年，久光為了實現公武合體論，推動參預會議，其中的參預有五人，以一橋慶喜為首，加上會津藩主松平容保、前越前福井藩主松平春嶽、宇和島藩主伊達宗城、前土佐藩主山內容堂等五人。這制度的目的是要讓朝廷與幕府、大名彼此溝通、決定政策，等於是落實他的公武合體論。然而這個參預會議卻因為一橋慶喜不喜歡薩摩藩主導政治，不久便無疾而終。因為這件事，久光開始對幕府感到失望。之後薩摩藩的立場逐漸由公武合體轉向反幕，在1867年與松平春嶽、山內容堂、伊達宗城的四侯會議之後，久光決定放棄與將軍慶喜妥協，下定決心推翻幕府。

　　最後對推翻幕府與實現明治維新貢獻良多的久光，其實性格與思想都守舊到只能稱之為冥頑不靈。原本就精通國學的

嶽、宇和島藩主・伊達宗城、前土佐藩主・山内容堂の五人を参預とする参預会議を発足させます。朝廷・幕府・諸大名の意思の疎通と政策会議を目的としたもので、彼の公武合体論の体現とでもいうべき制度でした。しかしこの参預会議は、薩摩藩による政治の主導を嫌う一橋慶喜によって、空中分解状態に陥ってしまいました。そのことで久光は、幕府に対する失望感を抱くことになります。その後、薩摩藩は公武合体から反幕へと次第に立場をシフトさせていき、1867年の松平春嶽、山内容堂、伊達宗城との四侯会議を経て、最終的に将軍慶喜との妥協を断念した久光は、倒幕を決意することになりました。

　結果として倒幕と明治維新の実現に大きく貢献した久光でしたが、彼は、頑迷というほかない保守的な性格と思想の持ち主でした。もともと国学に詳しかった彼は、明治維新後の近代化政策と欧米の文物の流入に対して、極端なまでの反対を貫きました。維新後、周囲に「おれはいつ将軍になるのだ」と訊いたという俗説が伝わっているほどです。廃刀令と断髪令ののちも、生涯髷と帯刀、和装を捨てず、死ぬまで大名としての生活を続けま

他，一直都極端反對明治維新後的近代化政策與歐美文物的流入。甚至有民間傳說他在明治維新後，還曾問周遭的人：「我什麼時候才能當上將軍」。即使在廢刀令與斷髮令施行後，他還是終生留武士頭、穿和服配刀，至死都過著大名的生活。在廢藩置縣之際，他為了一解滿腔憤懣，驅船至鹿兒島灣放了一個晚上的煙火；對於違背自己的意思，斷然推動廢藩置縣的西鄉隆盛與大久保利通等人，他總是對身邊的人痛罵他們是「不忠者」。尤其原本就和他個性不合的西鄉隆盛，他曾把西鄉隆盛流放離島，卻為了藩內的團結而不得不起用。久光對西鄉隆盛深痛惡絕，甚至曾指著他叫他「安祿山」。

久光的個性就是這麼地極端守舊，和被稱為幕末少數名君之一的兄長齊彬那種開明形成強烈對比。不過假設齊彬活了下來，沒有猝死，薩摩藩的實權也未落到久光身上，那麼明治維新是否就會比史實更順利達成？這問題的答案誰也不知道。

した。また、廃藩置県の折には、憤懣をはらすために鹿児島湾に船をうかべ一晩中花火を打ち上げさせ、自らの意思に背いて廃藩置県を断行してしまった西郷隆盛や大久保利通らについて、周囲に「不忠者」と罵り続けました。とくに、もともと反りが合わず、島流しにまでしたにもかかわらず藩内を纏めるために登用せざるをえなかった西郷に対する憎悪の念は深く、彼を指して「安禄山」と呼んでいたほどでした。

　久光は、幕末屈指の名君といわれた兄・斉彬が開明的だったのと対照的に、このように非常に保守的な性格でした。しかし、もし仮に斉彬が急死せずに生きながらえ、久光に薩摩藩の権力がわたることがなかったとしたら、果たして明治維新が史実よりもスムーズに成し遂げられることはあったでしょうか。誰も正答を与えることができない問いといえましょう。

第五回

<ruby>孝<rt>こう</rt></ruby><ruby>明<rt>めい</rt></ruby><ruby>天<rt>てん</rt></ruby><ruby>皇<rt>のう</rt></ruby>

1831～1867年

　第三回で、私たちは、尊皇攘夷思想について学びました。それでは、『篤姫』の時代の天皇は、いったいどのような人だったのでしょうか。今回は、尊王攘夷運動や公武合体などの政治運動が吹き荒れた幕末期の天皇、孝明天皇（1831～1867年）について見てみましょう。

　孝明天皇は幼名を煕宮といい、1840年に皇太子となり、1846年に父・仁孝天皇の死去にともなって天皇の座を継ぎました。1853年にアメリカからペリーが来航すると、日本国内は開国か攘夷かをめぐって議論が百出することになりますが、孝明天皇は開国は神州を汚すものとして強硬に開国に反対しました。1858年に江戸幕府大老の井伊直弼が、無断で日米修好通商条約を締結すると、天皇は激怒して抗議しました。1860年に大老井伊直弼が桜田門外の変で暗殺されると、幕府は低下した威信を回復するため、朝廷との融和を進める公武合体の政策を進め、そのために幕府は、天皇の妹和宮と将軍徳川家茂との政略結婚を再三懇請しました。天皇側は、幕府に鎖国の旧制に戻すことを条件にこれを認めました。孝明天皇が強硬な攘夷論者であったため、当時の日本国内では、

在第三回，我們認識了尊王攘夷思想。在《篤姬》時代的天皇究竟是怎樣的人？這回我們就來看看，在尊王攘夷運動和公武合體等政治運動激盪的幕末時期的天皇——孝明天皇（1831～1867年）。

　　孝明天皇小名熙宮，於1840年成為皇太子，1846年父親仁孝天皇去世後繼位為天皇。1853年美國培理（Matthew Calbraith Perry）叩關事件後，日本國內對於開國或攘夷出現許多議論，但孝明天皇認為開國不啻玷汙神州，堅決反對開國。當1858年江戶幕府的大老井伊直弼先斬後奏，簽定了日美修好通商條約後，天皇大怒抗議。1860年大老井伊直弼於櫻田門外之變被暗殺後，幕府為了挽回低落的威信而推動與朝廷交好的公武合體政策。為此，幕府再三懇請天皇的妹妹和宮與將軍德川家茂政治聯姻。天皇方面則以恢復鎖國舊制為條件而同意。因為孝明天皇是一個強硬的攘夷論者，所以當時在日本國內，襲擊外國人之類的攘夷運動層出不窮，而長洲藩更是為了實行攘夷，決定炮擊通過下關海峽的外國船隻。

　　雖然孝明天皇是這麼一個攘夷主義者，但他始終支持公武合體派，並不贊成尊王攘夷運動演變成倒幕運動。不過1866年出現以倒幕為目標的薩長同盟，接著幕府發起的第二次長州征

外国人襲撃などの攘夷運動が荒れ狂い、また長州藩は攘夷を実行すべく、下関海峡を通行する外国船の砲撃を決行しました。

　このように、孝明天皇は攘夷主義者でしたが、しかし、あくまで公武合体派であり、尊王攘夷運動が倒幕運動につながっていくことには反対でした。ところが、1866年に倒幕を目的とした薩長同盟が成り、ついで幕府による第二次長州征伐が失敗に終わると、天皇の意思に反し、政局は倒幕へ向けて進展していくことになります。こうした中、その年に、天皇は疱瘡が原因で死去しますが、一説によると、岩倉具視などの討幕派によって、毒殺されたとも言われます。真偽は定かでありません。ちなみに、明治政府の初代総理大臣である伊藤博文は、韓国のアジア主義者・安重根によって暗殺されますが、安は斬奸状に、伊藤が孝明天皇を殺したことを理由としてあげていました。安重根は、討幕派の志士であった伊藤博文が孝明天皇を殺したと信じていたのです。

　ところで、現在の日本では、多くのメディアを通して、天皇と皇室についての多くのニュースや写真、動画

伐又失利，於是政局開始朝向天皇所不樂見的倒幕之路邁進。就在這一年，天皇因天花逝世，也有人說他是被岩倉具視等討幕派毒死的，只是真假未定。順帶一提，明治政府的首任總理大臣伊藤博文是被韓國的亞洲主義支持者安重根暗殺的，而安重根在自己的剷奸除惡書中提到，行兇動機是因為伊藤博文殺了孝明天皇。因為安重根深信，是曾經身為討幕派志士的伊藤博文殺了孝明天皇。

話說回來，在現今的日本，我們可以透過許多媒體，看到不少關於天皇與皇室的新聞或照片、影片。但是江戶時期的天皇幾乎一輩子都沒有踏出京都皇宮一步，能看到天皇的只有極少數的近侍。說起來在幕藩體制中，天皇在幕府制定的「禁中暨公家諸法」下受到嚴格管制，幾乎沒有任何政治或經濟上的實權。而且各地方及各階層、村落中，存在著各式各樣的信仰，有不少百姓甚至不知道有天皇的存在。

然而在培理叩關之後，天皇的發言力急劇擴大。因為在尊王攘夷運動的推動下，天皇的存在本身開始產生極大的政治影響力。而自孝明天皇之子明治天皇這一代起，天皇開始廣泛在人們面前現身，讓大家認知這是唯一的君主。明治維新後，明治天皇立即進行「東幸」，自京都行軍至江戶，後來又遷都至

に接することができます。しかし、江戸時代の天皇は、一生のうちで京都の御所から外出することはほとんどなく、天皇の姿を目にすることができるのは、ごく一部の近習だけでした。そもそも幕藩体制下では、天皇は幕府の定めた「禁中並公家諸法度」によって厳しい統制下に置かれており、政治的・経済的な実権はほぼ皆無でした。また、地方や階層、村落共同体には、それぞれ多種多様な形での信仰が存在し、天皇の存在すら知らない庶民が多くいたのです。

　しかし、ペリーの来航以来、天皇の発言力は急速に増大しました。尊王攘夷運動をとおして、天皇の存在そのものが大きな政治的影響力を持つようになったのです。そして、その子明治天皇の代になると、天皇は、人々の前にその姿を広くあらわし、唯一の君主としてその存在を人々に認知させていきました。明治維新の直後、明治天皇は京から江戸へ行軍する東幸をおこない、またその後の東京遷都をはじめとして、日本各地を行幸して廻りました。その形式は、従来の大名行列にならったところが多かったのですが、天皇が御所から出て日本各地を直

←孝明天皇像

東京，並行幸日本各地。行幸的形式多仿傚大名出行隊伍的模式，只是在江戶時期，天皇從未走出皇宮直接造訪日本各地。再加上身著西服的天皇照片「御真影」發到日本全國所有的學校和公家機關，使得天皇成為絕對崇拜的對象。明治政府的政治家想要把日本建設成強大的現代化國家，對抗西洋列強。而天皇正是團結日本國內，讓日本全國人民統統變成天皇忠實「臣民」的中心，因此一定要讓大家「看得到」。1889年日本公布了《大日本國憲法》，其中第一條就明訂「日本大帝國由萬世一系之天皇治之」。近世的天皇許多人甚至都不知道他的存在，但近代的天皇卻一躍成為了國家的中心，還在法律上被賦予絕對的權威與權限。

接廻ることは、江戸時代には無かったことでした。また、洋装をした天皇の姿を写したとされる「御真影」が、日本全国津々浦々の学校や公共機関に配布され、絶対的な崇拝の対象とされていきます。明治政府の政治家たちは、西洋列強に対抗して強い近代国家を建設しようとしました。そのため、天皇は、日本国内を統合し、日本全国の人々を天皇に忠実な「臣民」にまとめあげていくための中心として、「目に見える」存在となる必要があったのです。1889年に『大日本帝国憲法』が発布されますが、その第一条では「大日本帝国ハ万世一系ノ天皇之を統治ス」と定められていました。人々にその存在すらよく知られなかった近世の天皇とうってかわって、近代の天皇には、明治国家の中心として法的にも絶対的な権威と権限が与えられたのです。

第六回

さい ごう たか もり

西郷隆盛

1828年〜1877年

　2003年に公開されたハリウッド映画『ラスト・サム
ライ』を御存知でしょうか。明治初期の日本で、明治政
府に対し蜂起する侍たちと、彼らと共に戦うアメリカ軍
人を描いた映画です。実際の歴史上でも、当時、明治政
府に不満をもつ士族達による武装蜂起がいくつか発生し
ていました。『ラスト・サムライ』は、そうした史実を
もとにして、日本史の知識の無い人にもわかりやすいよ
う単純なストーリーに作り変えたものです。映画では、
侍たちの指導者として、「勝元」（日本人俳優の渡辺謙
が演じています）という人物が登場します。彼のモデル
となったのが、維新の三傑の一人として有名な西郷隆盛
（1828～1877年）です。

　西郷は、もともと薩摩藩の下級武士でしたが、藩主島
津斉彬に才能を見出されて庭方役に取り立てられ、教え
を直接うけることになりました。当時斉彬は、幕府権力
を強化して開国し、日中韓同盟をも結んで欧米列強に対
抗しようとする構想を立てていました。斉彬のこうした
思想は、若き日の西郷に多大な影響をあたえ、のちの征
韓論の背景にもなったと考えられます。斉彬は、幕府権

你知道2003年上映的好萊塢電影《末代武士》嗎？這部電影描述在明治初期的日本，一群起而反抗明治政府的武士，以及與他們並肩作戰的美國軍人。在實際歷史中，當時確實發生數起不滿明治政府的舊武士世家所策動的武裝反抗。《末代武士》就是依據這段史實，改編成對日本史一無所知的人也看得懂的簡單故事。電影中有一個武士的領導人「勝元」（由日籍演員渡邊謙演出）。這個角色的原型來自於維新三傑之一，著名的西鄉隆盛（1828～1877年）。

　　西鄉原本是薩摩藩的下級武士，藩主島津齊彬發現他的才能，提拔他擔任可直接出入藩主庭院以供差遣的「庭方」一職，直接進行栽培教導。當時齊彬的構想是要強化幕府權力，對外開放國門，甚至締結日中韓同盟以對抗歐美列強。齊彬的這種想法對年輕的西鄉產生極大影響，有人認為這就是他後來提出征韓論的背景因素。齊彬為了強化幕府權力，企圖擁立一橋慶喜為下任將軍，因而命令西鄉進行地下政治操作。篤姬和德川家定政治聯姻之際，西鄉也參與了幕後的活動。但在齊彬猝死後，西鄉頓失地位，後來還被流放到奄美大島，度過三年的囚犯生涯。

　　在齊彬死後，掌握薩摩藩實權的島津久光想要跟朝廷和幕府進行協商，於是召回有對外交涉經驗的西鄉。然而兩人彼此

力強化のために一橋慶喜を次代将軍に擁立しようと考

え、西郷に政治的な裏工作を命じました。篤姫と徳川家

定の政略結婚にさいしても、西郷はその裏方として活動

しました。しかし、斉彬の急死によって失脚し、その後

奄美大島に流されて三年間の幽囚生活を送りました。

　斉彬の死後に藩の実権を握った島津久光は、朝廷・幕

府との折衝に乗り出そうとしました。そして、対外折衝

の経験をもつ西郷を召還しました。しかし、この両者は

互いにそりが合わず、西郷はまたもや徳之島および沖永

良部島へ流されました。その後、家老の小松帯刀や大久

保利通のとりなしで復帰し、1864年の禁門の変では藩兵

参謀として長州藩と戦いました。その後、倒幕をめざし

て権謀術数のかぎりをつくしてゆきます。

　1865年には土佐藩出身の坂本竜馬のとりなしで薩長

同盟を結び、また大政奉還を目論む土佐藩と盟約を交わ

し、さらに大久保利通や岩倉具視らとともに倒幕の詔勅

降下を画策しました。徳川慶喜によって大政奉還が上表

されると、西郷と大久保は幕府を挑発して1868年に鳥

羽・伏見の戦いを引き起こしました。戊辰戦争では東征

不合，西鄉再度被流放到德之島以及沖永良部島。後來在擔任家老的小松帶刀以及大久保利通等人說情下，他才恢復地位，並於1864年禁門之變中擔任藩兵參謀，與長州藩交戰。後來又為了推翻幕府而極盡權謀術數之能事。

　　1865年，西鄉在土佐藩出身的坂本龍馬斡旋之下，締結了薩長同盟，並與企圖推動大政奉還的土佐藩交換盟約，更進一步和大久保利通及岩倉具視等人策畫讓朝廷下倒幕敕書。在德川慶喜上表大政奉還後，西鄉與大久保又挑撥幕府，於1868年引發鳥羽伏見之戰。他在戊辰戰爭中擔任東征大總督府下參謀，指揮朝廷軍隊，並在與舊幕府軍陸軍總裁勝海舟的會談後，成功地讓江戶城無流血開城。

　　他在明治維新後一度回到薩摩，之後於1871年出仕，擔任新政府的參議，以鐵腕作風實施廢藩置縣。在岩倉具視擔任全權大使，帶領由大久保利通、木戶孝允等多位政府中心人物組成的遣歐美使節團出發後，他以留守政府首席參議的身分，全責推動學制及徵兵制、地租改正等大改革。他還兼任陸軍元帥及近衛都督，致力安撫因廢藩置縣及徵兵令而失去既有特權的全國舊武士世族，為了化解他們的不滿而提倡征韓論。這個主張被自歐美視察返國的大久保利通等人否決，之後西鄉便和其他征韓論者一起向政府提出辭呈下台，返回故鄉鹿兒島。他

大総督府下参謀に任命されて官軍を指揮し、旧幕府軍陸軍総裁の勝海舟との会談によって江戸城の無血開城を実現させました。

　明治維新後は、一時薩摩藩へ帰郷しましたが、1871年に参議として新政府に出仕し、廃藩置県を断行しました。また、岩倉具視を全権として大久保利通、木戸孝允ら政府の中心人物の多くが参加した遣欧米使節団が出発すると、留守政府の筆頭参議として、学制・徴兵制・地租改正等の大改革の責任者をつとめました。そして、陸軍元帥および近衛都督として、廃藩置県や徴兵令を通じて従来の特権を奪われた全国の士族の慰撫につとめ、彼らの不満を解消すべく征韓論をとなえました。しかし、欧米の視察から帰国した大久保利通らによってそれが否決されると、西郷は、他の征韓論者たちとともに政府に辞表を提出して下野し、鹿児島へと帰郷しました。鹿児島では私学校をつくり士族の子弟の教育にあたりましたが、西郷を慕う不平士族たちにおされて、1878年、明治政府に対し西南戦争をおこしました。西南戦争は、士族による反乱の最大にして最後のものであり、また日本最

在鹿兒島私人興學，教育舊武士世家子弟。後來被仰慕他而且不滿新政府的舊武士們拱出來，發動了對抗明治政府的西南戰爭。西南戰爭是舊武士世族所發起的動亂中最大，也是最後的一波，又被稱為日本最後的內亂。激戰到最後，西鄉軍大敗，西鄉舉刀自盡。

　　雖然西鄉帶著反叛軍首領的污名死去，但他死後福澤諭吉及內村鑑三等學者都對他的精神大表讚揚，而且在頒布憲法大赦之際，他也被追封正三位官階，還在東京上野豎立他的銅像。他在民間也被視為悲劇英雄，備受人民喜愛，坊間還出現種種的「西鄉傳說」。1891年俄國皇儲尼古拉訪日時，出現謠傳說逃亡到俄國的西鄉也會一起回來；當海軍最新巡洋艦「畝傍號」發生不明失蹤事件時，也有人傳說西鄉可能搭這艘船活著回來。很多人對時局不滿，他們把改變現狀的希望寄託在悲劇的革命英雄西鄉身上，所以才會出現這些傳說的吧。

←東京上野恩賜公園內的西鄉隆盛像

後の内乱とも呼ばれます。激しい戦闘の末、西郷軍は破れ、西郷は自刃しました。

　西郷は、その最期には反乱軍の首魁の汚名を帯びましたが、死後は福沢諭吉や内村鑑三ら知識人によってその精神性が讃えられ、また、憲法発布の大赦に際し正三位が与えられ、さらに東京上野に銅像が立てられました。民衆レベルでも悲劇の英雄として人気を集め、さまざまな形で「西郷伝説」が生みだされました。1891年のロシア皇太子ニコライ来日のさいには、生存してロシアに逃れた西郷がともに帰ってくるという風聞がうまれ、また、海軍の最新式巡洋艦「畝傍」が謎の消息不明を遂げる事故がおこったさいには、その船に乗って西郷が生還するのではないかと囁かれたりもしました。時代状況のなかで不満を抱く人々が、現状の打開の希望を、革命の悲劇の英雄である西郷に託したことから生まれた伝説といえましょう。

第七回

大久保利通

1830年～1878年

　前回は、西郷隆盛についてのお話でした。西郷は、革命の中心人物でありながら権力と富貴に甘んずることなく下野し、悲劇的な最後を遂げたことから、長らく人々から慕われてきました。特に故郷の鹿児島県では今に至るまで絶大な人気を誇っています。西郷は、生前から相撲取りに匹敵する肥大漢で知られ、その特徴的な外貌が彼のカリスマ性を一層強化していたといえます。死後にも、肖像とされる写真（ただし、西郷は写真嫌いであったため、本人と断定できる写真は遺されていません）や肖像画、上野公園の粗末な着流しの和服を着て犬を連れた銅像のイメージから、威厳がありながらも朴訥として、親しみやすそうなキャラクターが固定化され、それがまた庶民的な人気を支えてきました。

　一方で、西郷と二人三脚で維新を実現させ、明治政府の基礎を築きながらも、対照的に冷厳で官僚的、国家権力の権化のようなイメージを与える歴史人物がいます。西郷隆盛、木戸孝允とならぶ維新の三傑の一人、大久保利通（1830～1878年）です。その肖像写真を見ると、

上一回我們談到西鄉隆盛。西鄉雖是革命的中心人物，卻未戀棧權力與富貴而下野，最後以悲劇收場，因而一直都受到大家的景仰。特別是在他的故鄉鹿兒島縣，至今仍享有極高的人氣。西鄉生前即以媲美相撲力士的壯碩身材聞名，這獨特的外貌可說更增添了他的群眾魅力。即使在他死後，我們也可以從公認的肖像照（但是西鄉討厭照相，因此並未留有可確定為本人的照片）及肖像畫、上野公園裡身著簡陋的和服便裝，牽著一隻狗的銅像中，看出他剛毅木訥、平易近人的形象已然定型，而這也使他一直受到平民的喜愛。

　　另外有個和西鄉形成對比的歷史人物。他和西鄉兩人通力合作，成功推動維新，奠定明治政府的基礎，但給人的印象卻是冷峻嚴肅，官僚作風，儼然是國家權力的化身。他就是和西鄉隆盛、木戶孝允並列維新三傑的大久保利通（1830～1878年）。從肖像照看來，他體型修長，穿著十分合身的西服，輪廓很深，宛如雕像般面無表情，看起來很嚴肅。

　　大久保和西鄉一樣，原本都是薩摩城外市鎮的下級武士。他和西鄉家住得很近，自小就是盟友。及冠後到藩的記錄所擔任書記助理，後來受到被稱為由羅騷動的薩摩藩內部鬥爭波及，遭到革職。他在島津齊彬成為藩主後復職，和有村俊齋、

長身痩躯で一分の隙もなく洋服を着こなし、彫りが深く、彫像のように無表情で厳格な外貌です。

　大久保は、西郷と同じく薩摩藩の城下町の下級武士の出身です。西郷とは家が隣近所で、幼少のころからの盟友でした。元服してからは藩の記録所書役助として出仕していましたが、お由羅騒動と呼ばれる薩摩藩の内部抗争に巻き込まれ、失脚してしまいます。島津斉彬が藩主の座につくと復職し、有村俊斎・伊地知正治・吉井友実・税所篤らとともに精忠組と呼ばれる藩内の若手組織の指導者として、政治的な活動を開始します。斉彬の死後は、薩摩藩の最高権力者となった島津久光に接近し、京都で公武合体の政治活動をすすめました。一橋慶喜の将軍後見職、福井藩主松平慶永の政事総裁職就任などを進め、また、斉彬の死後に失脚していた盟友の西郷を藩政に復帰させるのにも一役を買いました。そののち、討幕運動へと傾き、1868年に徳川慶喜が大政奉還をおこなうと、大久保は西郷と共に幕府を挑発し、鳥羽・伏見の戦い、そして戊辰戦争へと持ち込んでゆきました。

伊地知正治、吉井友實、稅所篤等人一起領導藩內青年組成的精忠組，開始從事政治活動。齊彬死後，他與手握薩摩藩實權的島津久光交好，建議在京都進行政治活動，推動公武合體。他策畫使一橋慶喜擔任將軍後見職、福井藩主松平慶永擔任政事總裁職；另外也主動幫忙，讓在齊彬死後被撤職的盟友西鄉回來參與藩政。後來他轉為支持討幕運動，1868年德川慶喜大政奉還後，大久保與西鄉一起挑撥幕府發動鳥羽伏見之戰，並演變成戊辰戰爭。

明治維新後，大久保擔任參議，致力打造明治政府的中央集權體制。明治4年（1871年）擔任岩倉遣歐使節團的副使，出訪美國及歐洲各國，進行外交交涉及視察。明治政府成立後，立即有多位政府要人親自察訪歐美的實況，這點對後來的歷史具有重大意義。但另一方面，這也使得他們和以西鄉隆盛為主的留守政府之間出現重大的政治衝突。

就像上回所提到的，在使節團出訪中，為了讓因廢藩置縣失業而心生不滿的舊武士們轉移注意力，日本國內出現了征韓論。但返國的大久保等人站在治內重於征外的立場，反對征韓論，在明治6年的政變中，逼西鄉及江藤新平等征韓派下台。之後大久保成立內務省，整頓官僚機構，一手獨攬大權，推行

　明治維新後は、参議に就任し、明治政府の中央集権体制の確立につとめました。明治四年（1871年）には、岩倉遣欧使節団の副使として、アメリカ、ヨーロッパ諸国へと外交交渉と視察の旅へと出かけました。明治政府が成立した直後に政府要人の多くが欧米の実情を直接視察したことは、以後の歴史に重大な意義をもつことになります。しかし一方で、西郷隆盛を中心とする留守政府との間で、大きな政治的摩擦をもたらすことにもなりました。

　前回も見たように、使節団の外遊中に、日本国内では、廃藩置県で失職した士族たちの不満をそらそうと、征韓論が唱えられていました。しかし、帰国した大久保らは、外征よりも内治を重視する立場から征韓論に反対し、明治六年の政変により、西郷や江藤新平ら征韓派を下野させました。そして、大久保は、内務省を設置して官僚機構を整備し、自らに権力を集中させて、地租改正や徴兵令などを進めました。また、台湾出兵をおこなって、のちの台湾領有のきっかけをも作ります。一方で、

地租改正及徵兵令等措施。他還出兵攻打台灣，製造日後佔領台灣的理由。而對於接二連三的舊武士叛亂事件，他則是採嚴厲的方式處理，將佐賀之亂的江藤新平處以極刑，並在西南戰爭中打敗西鄉軍。然而把童年玩伴西鄉趕盡殺絕的大久保，也緊跟在西鄉之後，於隔年在東京紀尾井坂遭到不滿的舊武士暗殺。

大久保利通設立的內務省，被視為現今日本官僚體制的雛型。他設計使權力集中於內務省的做法則被稱為「有司專制（官僚專制）」，受到不滿的舊武士及民權運動人士強烈反彈。但不可諱言地，在建立現代國家統治機構的基礎方面，大久保確實功不可沒。

←明治元年時的大久保利通

続発する士族の反乱に対して、冷厳に対処していくこと
になりました。佐賀の乱で江藤新平を極刑に処し、そし
て、西南戦争では西郷軍を打ち破りました。竹馬の友の
西郷を攻め滅ぼした大久保でしたが、しかしその翌年に
は、その後をすぐ追うように、東京の紀尾井坂で不平士
族によって暗殺されてしまいました。

　大久保利通が設置した内務省は、現在まで続く日本の
官僚機構のもととなったとされています。彼のおこなっ
た内務省への権力集中は「有司専制」と呼ばれて不平士
族や民権家からの反発の対象となりましたが、近代国家
の統治機構の基礎を築く役割を、大久保が果たしたこと
に間違いはないでしょう。

大久保利通

第八回

小松帯刀

1835〜1870年

　今回は、小松帯刀（1835～1870年）についてのお話です。ドラマ『篤姫』のなかで、篤姫の恋愛の相手として登場する、肝付尚五郎と呼ばれる若侍のことです。20代の若さで薩摩藩の家老となり、西郷隆盛や大久保利通、また坂本竜馬らの活躍をサポートしました。小松の存在なくして、西郷や大久保らの活躍はありえなかったでしょう。従来、小松帯刀はその業績の大きさにもかかわらず、一般的な認知度は非常に低いものでした。しかし、今回のNHKの大河ドラマによって、いわば第二の主人公として、篤姫とともに新たに大きくクローズアップされることになりました。

　小松帯刀は、薩摩国喜入の領主である肝付家の三男として生まれました。のち、婿養子として小松家の家督を相続し、小松帯刀清廉と改名しました。長崎で西洋水雷などを学んだのち、島津久光の側近に取り立てられ、大久保利通らと共に藩政を左右する立場となりました。1862年には家老に就任し、おもに京都において薩摩藩の代表として、幕府や朝廷、諸藩との交渉の先頭に立ちま

這回我們要談的是小松帶刀（1835～1870年）。他是在連續劇《篤姬》中，以篤姬情人身分出場的年輕武士，名叫肝付尚五郎。他才二十幾歲就成為薩摩藩的家老，並協助西鄉隆盛和大久保利通，還有坂本龍馬等人一展長才。要不是小松，西鄉和大久保等人的實力也無法盡情揮灑。儘管小松帶刀有如此的豐功偉業，一般的知名度卻向來極低。不過在這次NHK的歷史連續劇中，他算是第二主角，和篤姬一起重新成為焦點人物。

　　小松帶刀是薩摩國喜入的領主肝付家的第三個兒子。後來入贅繼承小松家，改名為小松帶刀清廉。他到長崎學習西洋水雷等新知後，被拔擢成為島津久光的親信，和大久保利通等人一起主導藩政。1862年成為家老，大多待在京都，以薩摩藩代表的身份，在第一線和幕府、朝廷及其他各藩進行交涉。1964年禁門之變時，他和西鄉隆盛共同指揮薩摩軍，擊敗長州軍。他在京都時，也曾援助脫離土佐藩的流浪武士坂本龍馬，並協助他成立被稱為日本第一家股份公司的龜山社中（之後的海援隊）。1866年締結薩長同盟之際，他讓代表長州藩的桂小五郎（木戶孝允）藏身於他京都的住處，同盟的密約也是在小松宅邸完成的。同一年，他也和土佐藩士後藤象二郎締結薩土同盟，之後又和後藤等人一起向將軍德川慶喜進言，建議進行

した。1864年の禁門の変に際しては、西郷隆盛と共に薩

摩軍の指揮をとり、長州軍を破りました。また、在京中

には土佐藩の脱藩浪士の坂本竜馬を援助し、日本初の株

式会社ともよばれる亀山社中（のちの海援隊）の結成を

支えています。1866年の薩長同盟にあたっては、長州藩

を代表する桂小五郎（木戸孝允）を京都の屋敷にかくま

い、同盟の密約が結ばれたのも小松邸においてでした。

同年には土佐藩士の後藤象二郎と薩土同盟を結び、さら

に後藤らと共に将軍徳川慶喜に大政奉還を進言しまし

た。明治維新後には、徴士参与、総裁局顧問、外国官副

知事などを務め、維新政府内で重きをなしました。版籍

奉還にも貢献しましたが、明治3年に36歳の若さで病死

してしまいました。

　ところで、一般に、幕末・維新期の歴史人物の中で

も、西郷隆盛や大久保利通、木戸孝允、坂本竜馬らの名

前はよく知られています。彼らについては、学校の歴史

教科書や参考書等に人名や肖像が掲載されていますし、

小説や映画、ドラマ、漫画等で繰り返し描かれ、大きな

大政奉還。明治維新後，他曾擔任徵士參與（議事官）、總裁局顧問、外國官副知事等職務，在維新政府內扮演重要角色。他在推動版籍奉還（藩主將領地與人民奉還朝廷）方面也有功勞，但明治3年就病故了，年僅36歲。

一般而言，幕末維新期的歷史人物中，西鄉隆盛、大久保利通、木戶孝允、坂本龍馬等人的名字，大家都耳熟能詳。因為他們的事蹟向來受到大幅著墨，他們的名字和肖像都出現在學校的歷史課本和參考書裡，小說和電影、連續劇、漫畫等也一再加以描述。很多人應該都能在腦海中描繪出他們的容貌和個性。提起西鄉隆盛，大家腦中就會浮現他像相撲力士般的魁梧身軀和一對臥蠶眉、非凡的才能和度量，說話時句尾總是加上鹿兒島腔「～ごわす」。說到坂本龍馬，就會想到他在當時鶴立雞群的身高、北辰一刀流的精湛劍術、句尾加上高知腔「～ぜよ」的說話方式、不拘泥於世間常識的率真爽朗性格。

說起來他們就是有了固定的人物設定。人物設定是指透過神話及傳說、小說、電影、連續劇、漫畫等媒體所創造出來的人物形象，包括外表及內在性格。就算是基於真實人物設定的，也不能和實際的人物一概而論。其中有些人設連實際是否存在都不確定，就已經定型了，像武藏坊弁慶就是一例。歷史

扱いをうけてきたからです。彼らの容貌や性格などもよく思い浮かべることができるという人は多いはずです。

西郷隆盛といえば、関取のような巨体に太い眉をして、人間的に極めて大きな器量の持ち主であり、語尾に鹿児島弁の「〜ごわす」をつけて話します。坂本竜馬といえば、当時としては長身で北辰一刀流の剣の達人であり、語尾に高知弁の「〜ぜよ」をつけて話し、世間の常識にとらわれない天衣無縫な性格に描かれます。

　彼らはいわば、キャラクター化されているのです。キャラクターとは、神話や伝説、小説、映画、ドラマ、漫画等の媒体を通じて作られる、人物の外形的あるいは内面的な造型のことであり、たとえ現実を基にしていても、実在の人物そのものとはいちおう別個に考えなければなりません。なかには、武蔵坊弁慶のように実在が不確かな人物がキャラクターとして固定化することもありますが、歴史上の人物は、おうおうにして、キャラクターとなることで、人々の記憶に強く残ります。歴史上の人物の評価や認知度は、学術的な歴史研究の成果より

上的人物，往往都要有特定的人設，才能深深地留在人們的記憶中。歷史人物的評價與知名度，學術性歷史研究成果，都比不上人設的效果。在現今日本社會中，西鄉及大久保、木戶、坂本等人的知名度高，可以說是因為他們在小說和電影、連續劇、漫畫裡，一再強化人設的結果。

話說回來，儘管小松帶刀在明治維新時的汗馬功績絕不遜於西鄉等人，但至今卻一直沒什麼機會看到他的人設。大部分的人應該對小松都沒什麼印象。在這次的歷史連續劇中，小松帶刀這個人物會有怎樣的描述，又會有怎樣的人設？且讓我們拭目以待。

も、キャラクター化による部分が大きいのです。今日の日本社会で、西郷や大久保、木戸、坂本らの認知度が高いのは、小説や映画、ドラマ、漫画等で強烈なキャラクター化がなされ続けてきたためといってよいでしょう。

　しかしながら、小松帯刀は、明治維新における業績の大きさという点で、西郷らに決してひけを取らないにもかかわらず、これまでその人物像がキャラクター化される機会が非常に少なかったといえます。多くの人は、小松の人物像を、ほとんどイメージすることができなかったはずです。しかし今回の大河ドラマにおいて、小松帯刀という人物にはどのような光が当てられ、どのようなキャラクター造形が施されていくのでしょうか。行方を見守るとしましょう。

第九回

<ruby>坂<rt>さか</rt>本<rt>もと</rt>龍<rt>りょう</rt>馬<rt>ま</rt></ruby>

1836〜1867年

　前回は、歴史上の人物のキャラクター化・人物造型について述べました。そもそも、歴史を叙述するには、学術的な研究書や論文、小説や映画、ドラマ、漫画など様々な方法がありますが、しかし、いずれにしても完全に客観的な歴史叙述というものは存在しません。歴史上の人物は、伝説や小説、ドラマなどで描かれることによって、世間的なイメージが作られますが、どのような人物がどのように描かれるかは、時代の風潮や政治的な背景、思想性によって大きく左右されます。坂本龍馬（1836〜1867年）は、生前はさほど有名ではなく、また実像を示す史料も少ない人物ですが、死後、時代風潮や人々の願望、そして政治的事情を背景としてキャラクター化され、国民的な人気を博すことになりました。

　坂本龍馬は、郷士とよばれる土佐藩の下級武士の家に生まれました。坂本家は身分は高くないものの経済的には裕福で、1853年に坂本は剣術修行のために江戸に出て、北辰一刀流の千葉定吉の道場へと入門しています。江戸滞在中にペリーの来航に直面し攘夷思想の影響をうけました。千葉道場では、諸説あるものの北辰一刀流の

上次我們談到歷史人物的角色定型化、人物設定。敘述歷史本來就有很多方式，像是學術性的研究書籍或論文、小說、電影、連續劇、漫畫等等，但沒有任何一種方式能完全客觀地描述歷史。歷史上的人物都是透過傳說或小說、連續劇等的描述，被塑造成社會上所認知的形象，而怎樣的人物會如何被描述，主要是受時代風潮及政治背景、思想的左右。坂本龍馬（1836～1867年）生前並不怎麼有名，而顯示他真正面貌的史料又很少，但他死後卻在時代風潮及人們的期望，以及政治因素等背景下，有了鮮明的人設，博得一般人民的喜愛。

　　坂本龍馬家是土佐藩的下級武士——鄉士。坂本家地位不高，但經濟頗為寬裕。1853年坂本為了修習劍術來到江戶，進入北辰一刀流千葉定吉的道場。他在江戶時親身經歷培里（Matthew Calbraith Perry）叩關事件，受到攘夷思想的影響。他在千葉道場的情況眾說紛紜，不過一般認為他盡得北辰一刀流的真傳，後來才會在小說等作品裡被描繪成一代劍客。返鄉後他加入由武市半平太所領導的土佐勤皇黨，又脫離藩籍成為流浪武士。脫藩後逃往九州等地，之後寄身於江戶的千葉道場，當時結識了勝海舟，在勝海舟的影響下，他的想法由攘夷轉向開國論。他在勝海舟門下，協助創建幕府的近代海軍「神戶海軍操練所」。

免許皆伝を受けたとされ、のちに小説等で描かれる剣豪のイメージのもととなります。帰郷したのちは、武市半平太をリーダーとする土佐勤皇党に加わりますが、脱藩して浪士となりました。脱藩した後は九州等に逃げたのち江戸の千葉道場へと身を寄せ、その時に勝海舟と出会い、勝の影響で開国論へと思想的な転向を遂げたとされます。勝海舟のもとでは、神戸海軍操練所と呼ばれる幕府の近代海軍創設に協力しました。

　勝が江戸へ召還された後は薩摩藩の預かりの身分となり、薩摩藩の支援により長崎に亀山社中と呼ばれる日本最初の株式会社を組織して、武器や物産の貿易にあたりました。一方で、中岡慎太郎とともに薩長同盟の運動を開始し、1866年には、坂本龍馬の仲介で、薩摩の西郷隆盛と長州の木戸孝允が会見し、薩長同盟の密約が結ばれることになりました。また、薩長土三藩連合をも計画し、土佐藩参政の後藤象二郎と会談し、土佐藩の支援により亀山社中の業務を拡大し、1867年に海援隊へと再組織しました。そのさい坂本は、「船中八策」とよばれる国家構想を後藤に提示し、後藤はそれにもとづいて大政

勝海舟被召回江戶後，坂馬龍馬成為薩摩藩監管的武士，在薩摩藩的支援下，於長崎成立日本第一家股份公司「龜山社中」，從事武器及物產的貿易。另一方面，他也和中岡慎太郎合力推動薩長同盟。1866年，在坂本龍馬的斡旋下，薩摩的西鄉隆盛與長州的木戶孝允會面，締結了薩長同盟的密約。他也計劃促成薩長土三藩聯合，與土佐藩參政後藤象二郎會談，得到土佐藩的支援，擴大龜山社中的業務，於1867年將之改組為海援隊。當時坂本向後藤提出人稱「船中八策」的國家構想，後藤據此成功實現了大政奉還。然而就在同一年，他在京都的近江屋和中岡慎太郎一起遇刺身亡。刺客身分不明，較有力的說法是幕府手下負責取締反幕府勢力的京都見廻組。

　　剛才也提過，坂本龍馬生前並不算知名人物。在明治維新後，以土佐藩出身的人為主，許多人開始宣揚他的事蹟，他的名字才逐漸廣為人

←1866年左右的坂本龍馬像

奉還を実現させることになります。しかし、その年に、京都の近江屋で中岡慎太郎とともに暗殺されました。暗殺犯は不明ですが、幕府配下の京都見廻組という説が有力のようです。

　さきにも述べたように、坂本龍馬は、生前はさほど有名な人物ではありませんでした。しかし、明治維新後、おもに土佐藩出身者を中心に宣伝がなされ、次第にその名が広く知られていくようになります。明治政府が、薩摩・長州の藩閥で固められていたことに対する反発がその背景にあったようです。まず、1833年に高知の『土陽新聞』に「汗血千里の駒」が掲載され、評判をとりました。そして、日露戦争時には、日本海海戦の直前に、明治天皇の皇后の夢の中に坂本が現れ、日本海軍の先駆者として戦勝を予言したということが、土佐出身の宮内大臣・田中光顕を通じて大々的に報道されました。この事件が、坂本龍馬の名が広く知られるようになった大きな契機でした。さらに戦後になると、司馬遼太郎による歴史小説『竜馬がゆく』が、1962年から1966年にかけて『産経新聞』に連載されて大好評を博し、現代における

知。這可能是明治政府被薩摩藩與長州藩派系壟斷所產生的反彈。首先是1883年高知的《土陽新聞》裡有一篇〈汗血千里神駒〉，刊登後備受好評。之後在日俄戰爭時，據說在日本海海戰前夕，明治天皇的皇后曾夢見坂本成為日本海軍的前鋒，預言此戰必勝。此事經由土佐出身的宮內大臣田中光顯傳出，受到大幅報導。這就是坂本龍馬聲名遠播的關鍵。再加上戰後司馬遼太郎的歷史小說《龍馬行》自1962年至1966年在《產經新聞》連載，大受好評，確立了坂本龍馬在現代社會中的一般印象。《龍馬行》曾在NHK及民間電視台中，三度被改編成電視連續劇。

在描寫坂本龍馬這個人物時，司馬遼太郎強調的是他排斥精神主義，主張務實合理主義的一面。司馬遼太郎認為第二次世界大戰，日本敗北的原因就在於軍方的精神主義，並對此深痛惡絕，書中可以說反映了司馬遼太郎自己的想法及歷史觀。司馬遼太郎也把坂本龍馬描寫成一個不拘泥於過去封建習俗與常識、直爽不做作的人，還稱頌他是民主主義思想的先驅。可以看出司馬遼太郎想藉此表達對戰前體制的否定，以及對戰後自由民主社會的肯定。這個司馬遼太郎所描繪出來的坂本龍馬形象，就在戰後日本社會的風潮下，廣泛獲得大眾的青睞。

坂本龍馬の一般的なイメージが確立されることになりました。『竜馬がゆく』は、NHKや民放で過去三度もテレビドラマ化されています。

　坂本という人物を描くにあたって、司馬遼太郎は、精神主義を排する実利的な合理主義者としての側面を強調しました。そこには、第二次世界大戦における日本の敗北の原因を、軍部による精神主義に求め、それを徹底的に嫌った司馬自身の思想性と歴史観が反映されているといえます。また、司馬は、坂本を、過去の封建的な習慣や常識にとらわれない天衣無縫な人物として描き、民主主義の思想的先駆者としても評価しています。戦前の体制を否定し、戦後の自由で民主的な社会を肯定する司馬の意図が、そこにこめられていたといえましょう。こうした司馬の描く坂本龍馬像は、戦後の日本社会の風潮を背景として、幅広く大衆的な支持を得ることになったのです。

第十回

勝海舟

1823年～1899年

　これまで、篤姫の出身の薩摩藩にゆかりのある人物についての話が続きました。彼女の嫁ぎ先である江戸幕府の側の人物もとりあげましょう。

　前に、薩摩藩の「国父」と呼ばれた島津久光を例をあげて、歴史には、おうおうにして逆説的なことがおきると述べました。明治維新は、保守的な江戸幕府が開明的な維新政府に敗れ去った、という構図で理解されがちですが、実際には、幕末の薩摩藩の最高権力者は、島津久光という極端な保守主義者であり、むしろ幕府側のほうに開明的な人物が多かったのです。勝海舟（1823〜1899）は、江戸幕府という二百数十年続いた政権の中枢にあって、きわめて開明的・近代的な考え方をもち、討幕派にすら大きな影響を与えた政治家です。

　勝海舟は、江戸幕府の直接の臣下である古参の旗本でありながらも、きわめて貧しい家庭でうまれました。勝は、若いころは剣術の修行に打ち込み、21歳で直心影流の免許皆伝をうけましたが、やがて蘭学を志し、西洋兵学をおさめました。蘭学修行中に、当時貴重だった和蘭辞書『ドゥーフ・ハルマ』を一年かけて二部筆写し、一

到目前為止，我們談的都是和篤姬出身地薩摩藩有關的人物。接下來我們來看看她夫家江戶幕府這邊的人物。

之前我以被稱為薩摩藩「國父」的島津久光為例，談到歷史上常發生很矛盾的情況。一般人很容易認為明治維新整體來說，是保守的江戶幕府敗給開明的維新政府。然而事實上，幕末薩摩藩握有最高權力的是島津久光這個極端的保守主義者，反而是幕府方面思想開明的人還比較多。勝海舟（1823～1899）就是身處江戶幕府兩百數十年政權的中樞，思想極為開明、現代化，甚至對討幕派影響甚鉅的一位政治家。

勝海舟出生於江戶幕府直屬家臣的元老級「旗本」，但家境卻極為貧困。他年輕時致力習劍，21歲即盡得直心影流的真傳，但不久便改以西學為志，學習西洋兵法。他在修習西學時有段知名的逸聞，就是花了一年的時間抄寫兩部當時十分珍貴的日荷辭典《Doeff-Halma》，一部自己學習用，另一部賣掉賺取生活費。

1853年培里（Matthew Calbraith Perry）率黑船叩關後，為了對抗外國的施壓，幕府首席老中阿部正弘開始推動史稱安政改革的幕府革新。除了設置讓幕府家臣及子弟習武的「講武所」、研究西洋書籍的「蕃所調所」、長崎的「海軍傳習所」（相當於海軍軍校）等之外，並廣徵國策建言，拔擢人才不問

部を自分の勉強のために用い、もう一部を売って生活費にあてた有名な逸話があります。

　1853年にペリーの黒船が来航すると、外圧への対抗策として、幕府の老中首座阿部正弘は、安政の改革と呼ばれる幕政改革を開始しました。講武所・蕃所調所・長崎海軍伝習所などの設置のほか、政策提言を広く募集し、身分や家柄にとらわれない人材抜擢をおこなったのです。勝は、海外貿易にうって出て国防費にあてるべきとする意見書を出し、阿部正弘に認められて幕政へ参加することになりました。

　1858年に日米修好通商条約が結ばれると、勝は、ワシントンへの勅使を送る咸臨丸の船長として、アメリカ合衆国へと向かいました。勝は、日本人による初の太平洋横断と自画自賛しましたが、実際には、多くの日本人船員は船酔いで役に立たず、勝自身も船室にこもりきりだったようです。帰国の際には、日本人の手だけで航海できました。

　帰国後は、軍艦奉行の要職に就任しました。この頃、アメリカ帰りの勝は開国派の代表として、尊攘派の暗殺

勝海舟

77

身分家世。勝海舟上陳意見書表示應加強海外貿易，以作為國防經費，得到阿部政弘的認同，於是開始參與幕政。

1858年日美修好通商條約成立後，勝海舟擔任咸臨丸的船長，護送欽差大臣至華盛頓。他自誇是第一個橫越太平洋的日本人，不過其實大部分的日籍船員都暈船派不上用場，勝海舟自己也一路都窩在船艙裡。但回國的航程就可以全靠日本人自己來了。

返國後，勝海舟就任負責軍艦採購、建造、操練等任務的要職——「軍艦奉行」。這時，從美國回來的勝海舟是開國派的代表人物，也是尊王攘夷派刺客的目標，但刺客之一的坂本龍馬卻在造訪勝海舟之後，反而被說服拜入門下，成了聞名的佳話。在神戶開設私立海軍學校後，勝海舟身邊常有薩摩及土佐等西南強藩的子弟和浪人出入，顯示他並未畫地自限於幕府內。甚至在第一次見到西鄉隆盛時，雖然身為幕府之臣，卻透露出贊成削弱幕府、薩長聯合，甚至倒幕的意思，讓西鄉歎服不已。這時勝海舟已超越幕府和藩國、身分的藩離，從全國性的格局來思考。

1867年德川慶喜上奏大政奉還，隔年以薩長兩藩為主的官軍便展開東征之行。勝海舟以幕府陸軍總裁及軍事總裁的身分參戰。官軍攻至駿府城時，他主張停戰及江戶城無流血開城，

者に狙われていましたが、その中の一人であった坂本龍馬が訪ねてくると、逆に説き伏せて弟子にしてしまった話は有名です。神戸に海軍塾を開設したのちも、勝のもとには薩摩や土佐など西南雄藩の子弟や浪人が出入りし、幕府のみにこだわらない態度をしめしました。さらに西郷隆盛とはじめて会見した際には、幕臣の身でありながら幕府の弱体化や薩長連合、倒幕までをもほのめかし、西郷を感嘆させました。この頃すでに勝は、幕府や藩、身分差をも超えた国家的枠組で物事を考えていたようです。1867年、徳川慶喜が大政奉還を奏上し、翌年には薩長を主体とした官軍の東征が始まりました。勝は、幕府の陸軍総裁および軍事総裁としてこれにあたりました。官軍が駿府城にまで迫ると、勝は停戦と江戸城無血開城を主張し、官軍代表の西郷隆盛との直接交渉に臨みました。勝は、一方では、交渉決裂に備えて陸軍諸隊および榎本武揚率いる海軍を配置して、焦土作戦をも辞さない構えを見せながら、西郷に対し、幕府軍と官軍の戦いが国内に大きな混乱をもたらすことの無益さを説き、官軍による総攻撃を阻止し、江戸城無血開城を実現

並與官軍代表西鄉隆盛直接談判。為了預防談判破裂，他布妥陸軍各部隊與榎本武揚率領的海軍，顯示不惜進行焦土作戰的決心，一方面則極力遊說西鄉：幕府軍與官軍之戰只會使全國陷入混亂，毫無益處。成功阻止官軍的全面攻擊，實現了江戶的無流血開城。順帶一提，這時篤姬也寄了一封請願書給西鄉，希望德川家得以延續。明治維新後，勝海舟以舊幕臣代表的身分，歷經外務大丞、兵部大丞、參議兼海軍卿、元老院議官、樞密院顧問官等重要官職，還被封為伯爵。

　　話說勝海舟的父親勝小吉個性跳脫不拘，四處打架、到道場踢館、喜歡流浪，一生未獲一官半職，但他以江戶市井小民口語回顧自己半生的《夢醉獨言》一書，有人認為它是言文一致的近代文學源流之一。這本書寫得淋漓痛快，也深得戰後無賴派文學作家坂口安吾的喜愛。勝海舟自由豁達、不拘泥於既有常識的個性，或許也是承襲了勝小吉的跳脫不拘。勝海舟也和父親一樣，喜歡用市井小民的口吻稱自己為「俺」，留有以頗具特色的口述方式所撰寫的回憶錄等文件。由他口述、編纂、執筆的《吹塵錄》、《海軍歷史》、《陸軍歷史》、《開國起源》、《冰川清話》等著作，都是幕末維新史的珍貴史料。

させました。ちなみにこの時、篤姫もまた、西郷に対し徳川家の存続を嘆願する書状を送っています。明治維新後には、旧幕臣の代表として外務大丞、兵部大丞、参議兼海軍卿、元老院議官、枢密院顧問官などの顕職を歴任し、伯爵にも列せられました。

　ところで、勝海舟の父の小吉は、破天荒な性格で喧嘩や道場破り、放浪を好み、生涯無役でしたが、その半生を江戸下町の口語で回顧した『夢酔独言』は、言文一致の近代文学の源流の一つとみなされることもあります。たいへん痛快な読み物であり、のちに戦後の無頼派の文学者・坂口安吾によっても愛されました。小吉の破天荒さは、既成の常識にとらわれない自由闊達な勝の性格にも受け継がれたのかもしれません。勝自身も、父と同じように、「俺」を一人称とする下町風の言葉遣いを好み、特徴的な口述筆記によって回想録等を残しています。彼が口述、編纂、執筆にあたった『吹塵録』『海軍歴史』『陸軍歴史』『開国起源』『氷川清話』などの著作は、幕末維新史の貴重な史料となっています。

第十一回

とく　がわ　よし　のぶ

徳川慶喜

1837～1913年

　東海道線を静岡駅で下車すると、駅から徒歩ですぐの街角に、「浮月楼」とよばれる古い邸宅があります。門をくぐると、中は美しい日本庭園が広がり、懐石レストランで洗練された食事を楽しむこともできます。かつてそこは、ある貴人が長い後半生を送る隠棲の住処でした。明治期の日本が政治や社会、文化などあらゆる面で激しい変化をこうむる中、その貴人は、約26年もの間、気候の穏やかな静岡のこの邸宅で、人付き合いを避けてひっそり暮らしました。しばしば政治的な思惑を胸にした人々が尋ねて来ようとしましたが、彼はとりあおうとしませんでした。たいへん趣味の多い人で、囲碁や将棋、乗馬、放鷹、狩猟、打毬、刺繍、能楽、お菓子づくりなど、多くがかなりの腕前に達していました。自転車乗りや油絵など西洋の文物にも多大な興味を示し、なかでも写真撮影が大のお気に入りでした。町を自転車で走り、写真を撮ってまわる彼を、静岡の人々は「けいきさん」と呼びました。彼はかつて将軍でした。

　「最後の将軍」と呼ばれる徳川慶喜（1837〜1913年）は、徳川御三家の一つ水戸徳川家の当主・徳川斉昭

搭東海道線在靜岡站下車後，從車站走一小段來到街角，有棟叫作「浮月樓」的古老宅邸。走進門內，裡面是一大片優美的日本庭園，還可以在懷石料理餐廳享受精緻的餐點。以前有一位身分尊貴的人在此隱居，度過漫長的後半生。在明治時期，日本政治及社會、文化等全面遭逢劇烈變化的時代，這位尊貴人士就在氣候溫和的靜岡縣這棟宅邸中，離群索居地低調生活了長達26年左右的時間。偶爾會有一些有政治企圖的人前來探訪，但他一概相應不理。他的興趣非常廣泛，包括圍棋、象棋、騎馬、放鷹、狩獵、打傳統馬球、刺繡、能樂、做糕點等等，而且很多都有相當高的水準。他對騎自行車及油畫等西洋文物也十分感興趣，其中尤其喜歡拍照。這位在街上騎著自行車四處拍照的先生，靜岡人用漢字音讀稱他為「慶喜先生」。他是以前的幕府將軍。

　　被稱為「末代將軍」的德川慶喜（1837～1913年）出生於德川御三家之一的水戶德川家，是家主德川齊昭的第7個兒子，後來奉幕府之命，繼承德川御三卿之一的一橋家。他很早就以出類拔萃英才而聞名，甚至被稱為「權現大人（德川家康）再世」。包括第十二代將軍家慶在內，許多人都期盼他能繼位成為將軍。

の七男として生まれました。のち幕府から徳川御三卿の一つ一橋家の後を継ぐことを命じられ、「権現様（徳川家康）の再来」と呼ばれるほど、早くからずば抜けた英邁さで知られました。十二代将軍家慶を含め、多くの人から将来の将軍となることを期待されていました。

　1853年に黒船が来航し、江戸幕府が危機に陥ると、慶喜は、紀伊徳川家の徳川慶福とともに、病弱だった十三代将軍家定の後継候補に浮上しました。慶喜を擁立しようとする一橋派と、慶福を推す南紀派が対立しましたが、結局南紀派が勝利して安政の大獄が始まり、慶喜は隠居謹慎処分をうけることになりました。しかし、桜田門外の変で大老井伊直弼が暗殺され、謹慎が解けると、慶喜は政治の表舞台に立つことになります。1862年に朝廷と薩摩藩の働きかけにより慶喜は将軍後見職に就任し、政事総裁職となった松平春嶽とともに、文久の改革とよばれる幕政改革を開始しました。1863年には京に上洛し、攘夷をせまる朝廷と交渉しつつ尊攘派の志士や公家を取り締まり、長州藩勢力と対峙しました。

　1860年に第十五代将軍に就任すると、慶喜は、フラ

1853年培里率艦叩關，江戶幕府頓時陷入危機。這時慶喜和紀伊德川家的德川慶福，兩人同時被推舉為體弱多病的第十三代將軍家定的後繼人選。擁護慶喜的一橋派和支持慶福的南紀派彼此較勁，後來南紀派獲勝，並展開安政大獄，慶喜被處以軟禁隱居的懲戒。但後來發生櫻田門外之變，大老井伊直弼遭到暗殺，軟禁處分解除後，慶喜開始走上政治舞台。1862年在朝廷與薩摩藩的運作下，慶喜出任將軍後見職，和擔任政事總裁職的松平春嶽合作，開始改革幕政，史稱文久改革。1863年進京都，一方面和力主攘夷的朝廷交涉，同時取締攘夷派志士公卿，與長州藩勢力形成對峙。

　　1860年出任第十五代將軍後，慶喜接受法國援助，建設造船所及製鐵所，進行西式軍制改革，並獎勵幕府子弟赴歐洲留學。為了扼止結為同盟的薩摩與長州兩藩推動武力倒幕，搶先於1867年進行大政奉還，將政權交還給朝廷。然而料到他這一步的薩長同盟也對幕府進行挑撥，引發了鳥羽伏見之戰與戊辰戰爭。幕府軍陸戰的軍力絕不遜於薩長軍，海軍更是獲得壓倒性的勝利，但慶喜認為戰況情勢不利，留下部屬與士兵，搭軍艦自大阪城退回江戶。此舉使得戰情一轉，幕府軍頓時陷入劣勢。當官軍展開東征討伐慶喜時，他摒棄抗戰到底的主張，

ンスからの援助をうけて造船所や製鉄所を設け、西洋式の軍制改革をおこない、また幕臣子弟の欧州留学を奨励しました。そして、同盟を結んだ薩摩・長州による武力倒幕の動きを制するために、それに先んじて、1867年に政権を朝廷に返還する大政奉還をおこないました。しかし、その目論見を見越した薩長は幕府を挑発し、鳥羽・伏見の戦いおよび戊辰戦争を誘発しました。幕府軍は、陸上兵力の面で薩長軍に決して劣っていたわけではなく、また海軍力では圧倒的に勝っていましたが、慶喜は戦況が形勢不利と見て、部下や兵を残して大阪城から軍艦で江戸へ退却してしまいました。このことが大きな契機となって、幕府軍は大きく劣勢に立たされることになります。慶喜を朝敵とする官軍の東征が始まると、彼は、徹底抗戦論を退けて、勝海舟に事態収拾を一任し、自らは上野寛永寺に謹慎しました。江戸城が無血開城されると、慶喜の身柄は水戸へ送還され、ついで駿府（静岡）へと移されて、明治維新後はそこで長らく隠棲生活を送りました。

　政治家としての徳川慶喜に対しては、きわめて低い評

交由勝海舟收拾善後，把自己關在上野寬永寺自我反省。江戶城無流血開城後，慶喜先被遣送回水戶，接著又被移送至駿府（靜岡），明治維新後，他就在這裡度過漫長的隱居生涯。

對於德川慶喜這位政治家，有些人對他的評價極低，相反地，也有人給予高度好評。批評他的人常罵他「態度軟弱」，對朝廷和薩長同盟的態度不夠強硬；或譴責他「不負責任」，在鳥羽伏見之戰途中棄戰，返回江戶等等。但另一方面，也有人認為慶喜早就預料到江戶幕府撐不了多久，因此自己退出政壇，才能讓日本免於因長期激烈內亂而淪為歐美列強的殖民地。慶喜在靜岡悠然自適的後半生，讓他完全沒有機會成為團結反明治政府人士的工具，政局得免於陷入混亂，或許可以說是暗中促進了日本的現代化。

←晚年的德川慶喜

価をあたえる人々がいる一方で、逆に高く評価する人もいます。慶喜を批判する人は、朝廷や薩長に対して強硬な態度を示さない「弱腰さ」や、鳥羽・伏見の戦いにおいて戦局を投げ出して江戸へ帰ってしまう「無責任さ」等を、しばしば指摘します。しかし一方で、江戸幕府が長くはもたないことを慶喜はあらかじめ見通しており、自ら身を引くことによって、日本が長く激しい内戦状態に陥って欧米列強の植民地化の対象となることを防いだ、とする見方もあります。静岡で送った慶喜の悠々自適な後半生は、明治政府への反対派の結集点となることを徹底して避けることによって政治的な混乱を防ぎ、日本の近代化を影から支えたといえるのかもしれません。

コラム
篤姫的故郷——今和泉

位於鹿兒島南方的今和泉是篤姬的出生地。今和泉島津家的別邸目前已改建為今和泉小學，鄰接小學的海岸周邊，殘留著島津家宅邸的石牆，而附近知名的隼人松原，據說是當年調所廣鄉在執行街道拓寬工程時所栽種的。

附近的福昌寺遺跡裡，仍留存島津家歷代的墓地。

這裡有許多篤姬與島津家的相關史蹟，造訪此地時，處處都讓人有踏入時光隧道的感受。

位於今和泉海岸邊的幼年篤姬像

第十二回

直江兼続

1560年～1619年

　今回からは、2009年1月から放送しましたNHK大河ドラマ『天地人』に関係する歴史人物についてのお話です。これまでは幕末の話でしたが、今度は戦国～安土桃山時代が舞台です。従来、戦国時代を舞台としたNHK時代劇の主人公としては、織田信長、豊臣秀吉、徳川家康のほかに、武田信玄、上杉謙信、伊達政宗などがとりあげられてきましたが、今回は、直江兼続（1560～1620年）という人物が主人公となります。上杉謙信の跡継・上杉景勝の家老をつとめた人物です。主君の上杉景勝を補佐して、徳川家康に対抗しながらも難局を乗り切り、江戸幕府の米沢藩の基礎を築いた人物です。

　直江兼続は、上杉謙信の臣下の武将である樋口兼豊の長男として生まれ、若い頃から上杉景勝のもとで働きはじめました。やがて、景勝の側近の直江信綱が暗殺されると、景勝の命で、直江家の婿養子となり、直江家の家督を継ぎました。1580年には山城守を名乗り、上杉家の執政として、内外の政務を一手に引き受けることになりました。豊臣秀吉が台頭するとそれにしたがい、景勝とともに佐渡や小田原の攻略にあたり、また1592年には秀

這回開始要介紹自2009年1月起播放的NHK歷史連續劇《天地人》的相關歷史人物。前面介紹的都是幕府末年的人物，這次舞台背景要轉到戰國～安土桃山時代。過去以戰國時代為背景的NHK時代劇中，除了織田信長、豐臣秀吉、德川家康之外，武田信玄、上杉謙信、伊達政宗等人都當過主角，而這次的主角是一個叫直江兼續（1560～1620年）的人物。他是上杉謙信的繼承人——上杉景勝的「家老」（主政的重臣），輔佐主君上杉景勝對抗德川家康、克服艱難險阻，奠定了江戶幕府中米澤藩的根基。

　　直江兼續是上杉謙信麾下的武將——樋口兼豐的長子，年輕時就開始在上杉景勝身邊工作。後來景勝的親信直江信綱遭暗殺，景勝便命他入贅並繼承直江家。1580年他以山城守的名號擔任上杉家的執政，一手包辦內外政務。豐臣秀吉崛起後，他們加入旗下，他和景勝並肩攻打佐渡與小田原，1592年還在秀吉出兵朝鮮時參戰。上杉景勝奉命管理佐渡金山，他也代理該職。1598年上杉景勝在豐臣秀吉命令下，領地遷至會津。這時兼續以上杉家最高重臣之位，獲頒米澤為領地。

　　1598年豐臣秀吉去世後，德川家康崛起，與支持秀吉繼承人秀賴的石田三成形成對峙。兼續因與石田三成交情匪淺而支持豐臣家，與德川家康為敵。這時兼續寄了一封信給家康，據

吉の朝鮮出兵にも参陣しました。上杉景勝が佐渡金山の管理を命ぜられると、その代官もつとめています。1598年に上杉景勝が豊臣秀吉の命により、会津へと領地が移されると、兼続は上杉家臣団中の最大の重臣として米沢に所領を与えられました。

　1598年に豊臣秀吉が死去すると、徳川家康が台頭し、秀吉の跡継ぎの秀頼を担ぐ石田三成と対立するようになります。兼続は石田三成と懇意にあったため豊臣方に味方し、徳川家康と対立しました。このときに兼続が家康にあてた手紙「直江状」により、家康は激怒して会津討伐に乗り出したといわれます。これが「天下分け目の戦い」とよばれる関ヶ原の戦いを誘発することとなりました。家康は、会津討伐に向かう途中、石田三成の挙兵の知らせを聞き引き返して関ヶ原に向かったため上杉勢と家康が直接戦うことはありませんでしたが、兼続は、家康方についた山形の最上勢と戦いました。関ヶ原の戦いが徳川家康の勝利で終わると、兼続は主君の上杉景勝とともに京に上洛して、家康に謝罪しました。景勝は米沢へと移され、従来の百二十万石から三十万石へと減封さ

直江兼續家紋「三葉三龜甲」

說這封「直江狀」使家康大怒，決意征討會津，後來引發了被稱為「一戰定江山」的關原之戰。家康在進軍攻打會津途中，聽到石田三成舉兵的消息而折返轉向關原，因此上杉家並未與家康直接對戰，但兼續跟追隨家康的山形最上家打了一戰。關原之戰中德川家獲勝後，兼續隨主君上杉景勝進京都向家康謝罪。景勝的領地被遷至米澤，奉祿由一百二十萬石減為三十萬石，但總算保住了上杉家一脈。

之後兼續宣誓效忠德川幕府，以上杉家家老的身分致力於內政，修築堤防，整頓米澤城周邊市鎮，並開發各種產業，以促進農村發展。兼續的學養也相當豐富，與京都五山的僧侶關係深厚，1618年在米澤興建禪林寺，網羅古典名著，還舉辦連

れましたが、上杉氏の存続は許されました。

　その後の兼続は、徳川幕府に忠誠を誓い、上杉氏の家老として内政に力を振るい、堤防を築くなどして城下町米沢を整備し、また農村発展のために各種の産業を開発しました。また、学問の面でも優れていた兼続は、京都五山の僧との関係が深く、1618年には米沢に禅林寺を建てさせて古典を整備し、連歌連句の会をも催して米沢の文化を興しました。

　ところで、直江兼続というと、「愛」の字の前立てをあしらった特徴的な兜をかぶっていたことで、よく知られています。この「愛」の字の由来は、よくわかっていません。ただ、当時、「愛」という語は、現在とは必ずしも同じではない意味とニュアンスを持っていたということは、誤解を防ぐために確認しておきたいと思います。というのは、明治以前での日本では、「愛」とは、たとえば主君から臣下へ、領主から領民へ、親から子へ、夫から妻へ、といったように、目上から目下に向けられるものであって、現代でいえば、「可愛がる」に近い意味あいをもつ概念だったからです。現代の「恋愛」

歌連句的詩歌大會，振興米澤的文化。

　　提到直江兼續，大家就會想到他造形獨特的頭盔，正面有個「愛」字。這個「愛」字的來歷不明，不過為免大家誤解，在此先說明一下，當時「愛」這個詞的意義與語感和現在並不盡相同。因為在明治以前的日本，「愛」是指上對下的感情，例如主君對臣屬、領主對民眾、父母對子女、丈夫對妻子等等。以現代話來說，比較接近「疼愛、關愛」的意思，並不包括像現代的「戀愛」這種對等的人際關係。此外，在當時的佛教思想中，「愛」多半用來表示世俗煩惱的負面概念，例如「愛欲」。現在我們所用的「愛」字，主要是受到明治以後西洋傳來的「love」的影響。因為「愛」這個字被用來翻譯「love」，所以「愛」就增添了和以往不同的意義。我們平常使用的詞語及概念、想法中，有很多都像這樣因時代及社會的變遷，而與以往大相逕庭。要瞭解歷史上的人物及社會時，應該小心一點，別隨意套用現代人的觀念。

のように、対等な人間関係をも想定して使われるものではありませんでした。また、仏教の思想の中では、「愛」とは、「愛欲」というように、世俗的な煩悩をあらわす否定的な概念として使われることが多かったのです。現在の私たちが用いている「愛」という言葉は、明治以降に西洋から入ってきた「love」の影響を大きく受けたものです。「love」に対する翻訳語として、「愛」という字が当てられたために、「愛」という語には、従来とは異なる意味が付け加えられたのです。このように、現在、私たちが何気なく用いている言葉や概念、発想のなかには、時代や社会の変遷によって、以前と大きく異なってしまっているものが、多数含まれています。歴史上の人物や社会を理解しようとするさいには、現代人の観念を安易に当てはめないことが、大切といえましょう。

第十三回

上杉謙信

1530年～1578年

　今回は、上杉謙信（1530〜1578年）の話です。直江
兼続の主君・上杉景勝の養父であり、代表的な戦国大名
の一人としてよく知られています。

　上杉謙信は、越後（現在の新潟県）の守護代長尾為景
の末子として生まれました。幼名を虎千代といい、元服
してから長尾景虎と称しました。当時の越後は豪族によ
る内乱が相次いでいましたが、家督を継いだ兄の晴景は
それを鎮定することができませんでした。景虎は兄に代
わって総大将として反乱をことごとく鎮定すると、1548
年に、守護の上杉氏の調停によって、晴景の後を継ぐ形
で春日山城に入城しました。

　当時の日本中部地方では、関東の北条氏、駿河の今川
氏、甲斐の武田氏という三つの有力な戦国大名勢力が同
盟関係を結んでいました。武田晴信（信玄）は信濃を攻
略し、また北条氏康は北関東に侵攻を試みており、景虎
はこの両者との対決を深めていきました。まず、北条か
らの圧迫を受けていた関東管領（関東における室町幕府
の重要職）・上杉憲政を援ける形で関東へ兵を進めて北
条を破り、ついで北信濃に迫った武田晴信と信濃国川

這次我們要談的是上杉謙信（1530～1578年）。他是直江兼續的君主——上杉景勝的養父，也是戰國大名的代表人物之一。上杉謙信是越後（現今新潟縣）的守護代理長尾為景的么子，乳名虎千代，及冠後名為長尾景虎。當時越後的地方豪強內亂不斷，繼承父職的兄長晴景無法平亂。景虎代兄出征，擔任總指揮官，將動亂盡數平定，1548年在守護上杉氏的調停下，繼任晴景之職入主春日山城。

當時日本中部地方有關東北条氏、駿河今川氏、甲斐武田氏等三大戰國大名締結同盟。武田晴信（信玄）進攻信濃，而北条氏康試圖侵略北關東，景虎與兩派的對立日益加深。他先是為了支援受到北条壓迫的關東管領（室町幕府在關東地區的重要官職）上杉憲政而進軍關東，擊敗北条，接著與進逼北信濃的武田晴信在信濃國川中島展開對峙。

1561年，他與流亡至越後的上杉憲政合作，在舊上杉家大軍的協力下出兵關東，包圍北条氏康定居的城堡小田原城。雖然未能攻下小田原城，不過這時景虎在鎌倉的鶴岡八幡官繼承了山內上杉氏家主與關東管領的職務，更名為上杉政虎。政虎後來又改名輝虎，幾乎每年都與北条氏在關東交戰，與武田氏在信濃對決。尤其是和武田信玄在川中島高達五次的大對決，還被寫入江戶時代的戰爭故事《甲陽軍鑑》中，聲名大噪。正

中島で対峙しました。

　1561年には、越後に亡命していた上杉憲政と共に、旧上杉家中の大軍を味方に関東へ出兵し、北条氏康の居城・小田原城を包囲しました。小田原城を落とすことはできませんでしたが、この時景虎は、鎌倉の鶴岡八幡宮で、山内上杉氏の家督と関東管領職を相続し、名を上杉政虎と改めました。政虎は、さらにその後輝虎と改名し、毎年のように、関東で北条氏、信濃で武田氏と対決しました。特に川中島での武田信玄との計五回におよぶ対決は、江戸時代の軍記物語『甲陽軍鑑』に描かれて有名になりました。戦いの様子を正確に伝える資料は多くないのですが、激戦となった第四次川中島の戦いは、上杉軍が三千余り、武田軍が四千余りの戦死者を出したと言われています。両者の決着は結局つきませんでした。

　輝虎は、織田信長が台頭してくると、これと同盟し、1573年に武田信玄が病没すると急速に越中を平定しました。その後、出家して謙信と名を改め、信長と断交して加賀で織田軍を撃破しましたが、関東平定および織田の打倒を実現させようとしていた矢先に、脳溢血で死去し

確描述戰況的資料不多，不過相傳在進入激戰的第四次川中島之戰中，上杉軍有三千多人，武田軍有四千多人戰死。兩派人馬最後仍不分勝負。

輝虎在織田信長崛起後與之結盟，並在1573年武田信玄病逝後迅速平定越中。後來出家改名為謙信，與信長斷交，在加賀擊破織田軍。但就在他即將平定關東並打倒織田這當頭，因腦溢血去世。

在「以下犯上」橫行的亂世中，上杉謙信個性似乎十分守舊，相當重視京都的朝廷與室町幕府等傳統權威。每次關東及信濃開戰時，他必進京接受後奈良天皇的討敵敕命，也曾拜謁正親町天皇與足利義輝將軍，獲得相當於管領（室町幕府的執政大臣）的待遇，還被室町幕府末代將軍足利義昭任命為管領。據說他認為自己是戰神多聞天王（毘沙門天王）轉世，深信自己在戰場上絕不會中彈。而且由於他情緒起伏很大、擅長和歌、終身未娶等因素，後世甚至曾有人主張「上杉謙信乃女兒身」。

話說日本戰國時代是個什麼樣的時代？七世紀時，日本列島在中國大陸的影響下，頒布全國中央集權的律令制。然而日本列島原本在文化及政治方面就很多元，差異極大，這些問題浮上檯面後，律令制也逐漸名存實亡。十二世紀鎌倉幕府於關

ました。

　上杉謙信は、「下克上」の横行する乱世の時代にあっ
て、京の朝廷や室町幕府などの古い権威を重んずる保守
的ともいえる性格の持ち主だったようです。関東・信濃
での戦いに際しては、上洛して後奈良天皇から敵討伐の
勅命を受け、正親町天皇や将軍足利義輝に拝謁して管領
（室町幕府の執政）並の待遇を与えられ、最後の室町幕
府将軍・足利義昭からも管領に任ぜられていました。ま
た、自らを戦いの神・毘沙門天の転生と信じ、戦場で自
分に銃弾が当たることは無いと思い込んでいたとされま
す。さらに、感情の起伏の激しい性格や、和歌に巧みな
こと、生涯妻を娶らなかったことなどのために、後世に
「上杉謙信女性説」が唱えられたこともありました。

　ところで、日本の戦国時代とは、いかなる時代だった
のでしょうか。七世紀頃の日本列島では、中国大陸の影
響で全国に中央集権的な律令制が敷かれました。しか
し、もともと日本列島には、文化的・政治的に大きな差
異と多様性がありました。それが表面化するにつれ律令
制の実態は崩れていきます。十二世紀には東国に鎌倉幕

東成立後，與關西的朝廷形成王權並立的局面。在南北朝的動亂中，於十四世紀前半創設的室町幕府，事實上由各地守護大名組成的聯合政府色彩相當濃厚。而在應仁之亂後，室町幕府威信大失，進入群雄割據的時期，史稱戰國時代。戰國大名均各自獨立進行內政外交，這時期各地自主的傾向十分顯著。尤其是西日本一帶，都紛紛與朝鮮半島、中國大陸、沖繩甚至歐洲等進行大範圍的交流與貿易活動。今天我們往往會覺得日本這國家是一個同質性很高的團體，但戰國時代的人在做事時，應該不太會考慮到「日本」這樣的國家框架。

←上杉神社內的
上杉謙信像

府が成立し、西国の朝廷との王権の並立状態が生まれました。そして南北朝の動乱の中、十四世紀前半に創設された室町幕府は、各地の守護大名による連合政権としての性格を強く持っていました。さらに、応仁の乱以後、室町幕府の権威が失墜し、戦国時代と呼ばれる群雄割拠の時代にはいります。戦国大名たちは、それぞれ独自の政治・外交をおこないました。諸地域の自立傾向が顕著な時代だったのです。また特に西日本を中心に、朝鮮半島、中国大陸、沖縄、そしてヨーロッパとの広域的な交流・交易活動が展開されていました。今日の私たちは往々にして、日本という国を、均質な一つのまとまりとしてイメージすることが多いと思います。しかし、当時は、人々が「日本」という国の枠組に、さほどとらわれずに行動していた時代だったといえるでしょう。

第十四回

<ruby>織<rt>お</rt></ruby><ruby>田<rt>だ</rt></ruby><ruby>信<rt>のぶ</rt></ruby><ruby>長<rt>なが</rt></ruby>

おだのぶなが
織田信長

1534年～1582年

108

今回は、織田信長（1534～1582年）について紹介します。群雄割拠の戦国時代から、近世の幕府による全国支配への移行の基礎を作った人物であり、その苛烈きわまる個性は、日本史上において一際異彩を放っています。

織田信長は、幼名を吉法師といい、尾張下四郡を支配する織田家家老の織田信秀の子として生まれました。父の死後、18歳で家督をつぐと、急速に尾張一国を平定してゆきます。1560年、当時東海地方の大勢力であった今川義元が、大軍を擁して侵攻してくると、信長は桶狭間でこれを打ち破りました。そして今川の支配から逃れた三河の松平元康（徳川家康）と同盟を結び、美濃の斎藤氏を攻め滅ぼし、岐阜に拠点を移しました。

その後、暗殺された前将軍足利義輝の弟足利義昭を擁して京に上洛し、義昭を将軍職につけました。しかし、信長が政治上の実権を握ることに不満を抱いた義昭は、浅井氏・朝倉氏・武田氏・本願寺などの諸勢力を誘って反信長包囲網を敷くことになります。信長は苦境に陥りましたが、浅井・朝倉を破り、1573年に将軍義昭を追放して室町幕府を滅ぼしました。また、加賀をはじめとし

這次要介紹的是織田信長（1534～1582年）。他為群雄割據的戰國時代變成近世幕府統治全國打下基礎，極其激烈的個性在日本史上特別與眾不同。

　　織田信長乳名吉法師，父親織田信秀是統治尾張下四郡的織田家的「家老」。父親去世後，18歲的信長繼承家業，迅速平定了整個尾張國。1560年，在東海地方勢力強大的今川義元率領大軍入侵時，信長在桶狹間將之一舉擊潰。然後和脫離今川統治的三河地區松平元康（德川家康）結盟，殲滅美濃的齋藤氏，將據點遷往岐阜。

　　之後，他為擁立遭暗殺的前將軍足利義輝之弟足利義昭而進京，扶義昭繼任將軍一職。但不滿信長一手把攬政治實權的義昭，卻聯合淺井氏、朝倉氏、武田氏、本願寺等各方勢力，佈下反信長包圍網。信長一度陷入困境，後來打敗淺井及朝倉軍，於1573年驅逐將軍足利義昭，消滅室町幕府。此外，他也徹底鎮壓包括加賀在內的各地佛教武裝起義。1576年的長篠之戰，他擊敗在武田信玄病故後繼任的武田勝賴，帶給武田氏致命的打擊。一般認為織田信長與德川家康的聯合軍隊之所以屢戰屢勝，是因為他們運用大批的「火繩槍」，不過詳情眾說紛紜，仍待釐清。接著信長在近江的安土建造安土城，包圍並逼石山本願寺投降，又殲滅武田氏、擊潰中國地方的毛利氏、越

た各地の一向一揆を徹底的に制圧しました。1576年には、病没した武田信玄の後を継いだ武田勝頼の軍を長篠の戦いで破り、武田氏に致命的な打撃を与えました。このとき、大量の火縄銃を活用したことが、織田信長・徳川家康の連合軍の勝因とされていますが、詳細は諸説あってはっきりとはしません。そして信長は近江の安土に安土城を築城し、石山本願寺を包囲・降参させる一方で、武田氏を滅ぼし、中国地方の毛利氏や越後の上杉氏、そして各地の抵抗を攻略して天下統一の基礎を固めていきました。しかし、1582年、京の本能寺に泊まっているところを重臣の明智光秀の軍に襲われ、自刃しました。

　信長については、神仏をはじめとした従来の権威をいっさい信じないなど、革新的な人物イメージが作られてきました。彼は、仏教に対しては、平安以来の鎮護国家の権威をもつ比叡山を焼き討ちし、大量の僧侶を殺すなど激しい弾圧を加え、その一方で、西洋からの事物には多大な興味と関心をしめし、その教義はまったく信じないながらも、キリスト教の宣教師を保護しました。また、集権的な体制を築くために、各地の関所や商業の規

後的上杉氏以及各地的反抗勢力，一步步奠定了統一天下的基礎。然而就在1852年，當他夜宿京都本能寺時，遭到重臣明智光秀率軍偷擊，最後舉刀自盡。

信長向來被描述成一個革新派人物，例如完全不相信神佛等傳統威權。他強力鎮壓佛教，曾以火攻的方式攻打自平安時代以來一直被視為鎮國之寶的比叡山，殺死大量僧侶。另一方面，他對西洋事物則展現高度興趣，雖然壓根不相信基督教的教義，但仍庇護傳教士。此外，為了建立集權體制，他廢除各地的關卡及通商限制，促進商品經濟的繁榮，並進行農地測量以訂定稅賦，瓦解傳統莊園制所定的土地關係。不過這幾年有研究指出，信長其實是一個很在意傳統權威及社會觀感的人。

說起來NHK的「大河劇」，是自1963年開始的歷史劇系列作品，以往焦點多半放在平安末期以及戰國、安土桃山時代乃至於幕末維新時期活躍的人物。這些人物個個都是生逢歷史重大變革期，人生充滿驚濤駭浪，正是改編成連續劇的最佳題材。拿戰國、安土桃山時代來說，武田信玄與上杉謙信的對抗，還有織田信長與豐臣秀吉、德川家康三人的「天下一統」故事，就一再被拿來改編成連續劇。其中包括織田信長在內，有好幾個人物都是多次上場的固定班底。他們的一生，透過公共傳播媒體的宣傳，成了戰後日本全民都熟知的故事。

制を廃止するなどして商品経済の発達を促し、検地をお
こなって古い荘園制に基づく土地関係を解体させまし
た。しかし、近年の研究では、実際の信長は、従来的な
権威や世評をかなり気にする人物であったとされている
ようです。

　ところで、NHK大河ドラマは、1963年に開始された
時代劇シリーズですが、過去、平安末期、戦国・安土桃
山時代、そして幕末維新期に活躍した人物に焦点をあて
たものが多数を占めてきました。いずれも時代の大きな
変革期にあたり、波乱に満ちた当時の人々の生涯は、ド
ラマ化にうってつけの素材なのです。戦国・安土桃山時
代についていえば、武田信玄・上杉謙信の抗争と、織田
信長・豊臣秀吉・徳川家康の三人による「天下統一」の
物語が、繰り返し取り上げられ、ドラマ化されてきまし
た。そのなかで、織田信長をはじめとした同一の人物た
ちが、幾度となく定番のキャラクターとして登場しまし
た。彼らの生涯は、公共放送という媒体を通じて、戦後
の日本における国民的な定番となってきたのです。

　しかし、平安末期・戦国・幕末維新を舞台とした定番
の時代劇が繰り返されることには、少なからぬ問題があ

不過，以平安末期、戰國、幕末維新為背景的歷史劇固定題材一演再演，也有不少問題。因為一味把焦點放在日本史上的主流政治人物，會嚴重欠缺民眾及周邊、少數派的觀點。NHK有一段時間可能是為了跳脫題材固定化導致的千篇一律感覺，曾推出以東北地方和沖繩等「周邊」地區歷史為題材的歷史劇（《炎立》《琉球之風》），但除了成為舞台背景的地區之外，全國大部分地區的收視率都很低，所以最後又走回反覆重演固定題材——中央政治史故事的老路線。在以大家都耳熟能詳、看了安心的固定腳本及角色為前題，NHK近來推出山本勘助、篤姬、直江兼續等比較不那麼有名的「No.2」人物為主角，試圖打出特色，只不過很難說沒有改演家務事，換湯不換藥的感覺。在以前的歷史劇中，有許多演員都演過織田信長，就不知道從直江兼續的觀點會如何描繪這個人物了。

現在的本能寺中　→
的信長公廟

ります。日本史上のメジャーな政治人物にのみ焦点をあてることによって、民衆層や周辺層、マイノリティー等の視点が少なからず抜け落ちてしまうからです。一時期、定番化によるマンネリ感を脱しようとする試みだったのか、東北地方や沖縄といった「周辺」地域の歴史を題材とした大河ドラマが作成されたこともあったのですが（『炎立つ』『琉球の風』）、舞台となった地域以外の全国の大部分の地域では低視聴率に終わってしまい、結局、従来どおりの定番化した中央政治史の物語の反復に回帰していきました。最近では、国民的に馴染みがあり安心して見られる定番のストーリーとキャラクターを前提としつつ、山本勘助、篤姫、直江兼続といったように、比較的マイナーな「ナンバー2」的な人物を主人公とすることによって、アクセントをつける試みがなされているようですが、内向きの二番煎じ・三番煎じの印象がないとはいえません。織田信長は、これまでの大河ドラマで何人もの俳優が演じてきましたが、直江兼続という視点を通すことによって、どのように描かれることになるのでしょうか。

第十五回

とよ　とみ　ひで　よし

豊臣秀吉

1537年〜1598年

　織田信長に続き、今回はその家臣から出た豊臣秀吉（1537〜1598）について述べます。秀吉は、尾張国（現在の愛知県）の百姓の子として生まれながら、「天下統一」を果たしたことで有名です。特に明治時代以降、従来の身分制度が廃止され「立身出世」が美徳とされるようになったことを背景に、豊臣秀吉の人気が高まっていきました。

　秀吉は、はじめは木下藤吉郎と名乗り、清洲城の織田信長に足軽として仕えていましたが、才覚によって次第に頭角を現していきました。1573年には浅井・朝倉両氏との戦いの功により近江長浜の城主となり、名も羽柴秀吉と改めました。1578年に信長の命令によって中国地方の平定に向かい、毛利氏の勢力と戦っていたところ、1583年に京の本能寺で明智光秀により信長が殺されたことを知りました。秀吉はただちに引き返し、山崎の戦いで光秀を破りました。その後、同じく信長の重臣であった柴田勝家と対立しましたが、1583年に賤ヶ岳の戦いに勝利して、信長亡き後の政権の主導権を握ることに成功しました。同年には、石山本願寺の跡に大坂城を築いて天下統一の拠点としました。

繼織田信長之後，這回要談的是由織田信長家臣中脫穎而出的豐臣秀吉（1537～1598）。秀吉最為人所知的，就是他以尾張國（現今愛知縣）農家子弟之身，完成了「統一天下」的大業。尤其是明治時代以後，日本廢除了舊有的身分制度，「功成名就」被視為美德，在這樣的背景下，豐臣秀吉的人氣也水漲船高。

　　秀吉一開始名叫木下藤吉郎，在清洲城的織田信長手下擔任步卒，憑著機靈聰敏逐漸嶄露頭角。1573年在對抗淺井氏以及朝倉氏的戰役中建功，成為近江長濱的城主，並改名為羽柴秀吉。1578年奉信長之命出兵討平中國地方，與毛利氏交戰時，1583年傳來信長在京都本能寺遭明智光秀殺害的消息。秀吉得知後立即調兵回頭，在山崎戰役中擊敗光秀。之後一度與同為信長重臣的柴田勝家對峙，不過後來在賤之岳戰役中勝出，成功掌握了信長死後政權的主導權。同年於石山本願寺舊址建立大坂城，以此為統一天下的據點。

　　隔年在小牧・長久手之戰中，秀吉與信長次男信雄及德川家康的聯軍交戰後議和，接下來陸續降服了四國的長宗我部氏與九州的島津氏。1585年就任輔佐天皇、主導政務的「關白」之職，次年改姓豐臣，1588年迎接天皇至自宅「聚樂第」，命諸大名宣誓效忠。1590年攻打小田原城，降服北条氏，此時也

翌年に小牧・長久手の戦いで、信長の次男信雄と徳川家康の連合軍と戦いましたが講和し、ついで四国の長宗我部氏、九州の島津氏を屈服させていきました。1585年には関白となり翌年に姓を豊臣と改め、1588年には天皇を聚楽第に迎えて諸大名に忠誠を誓わせました。1590年には小田原城を攻めて北条氏を降伏させ、またこの時、奥州の伊達氏をも帰順させ、天下統一を成し遂げました。そして1592年、秀吉は朝鮮国王に入貢と明への案内を要求し、拒絶されると、諸大名に命じて朝鮮出兵を開始しました。日本では「文禄・慶長の役」、韓国では「壬申・丁酉倭乱」とよばれます。秀吉の軍ははじめ連戦連勝でしたが、義勇軍の蜂起と明からの援軍によって次第に膠着状態に陥り、1593年にいったん講和しました。1595年には再び朝鮮出兵を命じましたが、朝鮮での激戦が続く中、1598年に秀吉は伏見城で病没しました。

話は変わりますが、皆さんは黒澤明監督の映画『七人の侍』（1954年公開）を見たことがあるでしょうか。戦国時代の日本の農村を舞台にした時代劇で、野武士の襲来に悩まされる農民たちが、七人の武士を雇って村を守ってもらう話です。この映画で描かれる農民たちは、

令奧州伊達氏歸順，完成了統一天下的大業。1592年秀吉要求朝鮮國王進貢並引路攻打明朝，遭拒後便命諸大名集軍攻打朝鮮。日本稱此為「文祿‧慶長之役」，韓國則稱為「壬申‧丁酉倭亂」。秀吉的軍隊一開始連戰連勝，但後來朝鮮義勇軍群起對抗，再加上明朝援兵到來，戰情逐漸陷入膠著，1593年一度媾和。1595年秀吉又再次下令出兵攻打朝鮮，在朝鮮持續激戰之中，秀吉1598年於伏見城病故。

我們換個話題，各位讀者有沒有看過黑澤明導演的電影《七武士》（1954年上映）？那是一部以戰國時代日本農村為背景的古裝片，描述農民們不堪盜匪侵襲，於是雇用七名武士保護村莊。電影所描繪的農民，是一群膽小懦弱、無力自衛的人，相對地，武士們則是一身傲骨、勇猛果敢。《七武士》一片聞名全球，想必很多人對日本武士的印象都是來自這部電影。當年武士與農民真正的關係又是如何呢？

首先，在古代律令制中，每個戶籍有記載的公民，原則上都有服兵役的義務，兵農是一體的。隨著律令制的衰退，莊園制內部開始出現武裝的地方豪族，逐漸形成武士團。初期的武士有濃厚的武裝開墾農民色彩，組成武士團的士兵平時似乎仍多半從事農耕。武士們雖然擔任莊園的地主、莊官、朝臣的護衛、幕府的「地頭」、「守護」等官職，但大部分都還是

臆病で卑屈で自力で戦うことができず、それとは対照的に、武士たちは誇り高く勇敢です。世界的にヒットしたため、この映画をもとにして日本の武士のイメージを思い描く人は多いのではないかと思います。現実の武士と農民の関係は、どのようなものだったのでしょう。

　まず、古代の律令制のもとでは、戸籍に記載されたすべての公民は原則として兵役の義務を負い、兵農は一体でした。律令制の衰退とともに、荘園制の内部で武装する地方豪族があらわれ、武士団が形成されていきました。初期の武士は、武装開拓農民としての性格が強く、武士団で組織された兵は普段は農耕に従事することが多かったようです。武士たちは、荘園の名主・荘官や公家の警護人、幕府の地頭・守護などを担当しましたが、その多くは自らの土地で農業を営んでいました。武士たちはその配下に郎党をかかえ、下人を使役して耕地を耕し、周辺の農民を隷属させるなどしていました。こうして兵農の身分的な区別が次第にあらわれていくことになります。戦国時代になると、戦国大名たちはより恒常的で強力な兵力を確保するために、有力百姓を家臣団に組織し、軍役を負わない百姓に年貢や夫役を課すようにな

在自己的田地務農。武士擁有自己的武士團隊，命令下人耕種田地，並收編周遭的農民。這麼一來，兵農的身分就漸漸區隔開來了。到了戰國時代，戰國大名為了確保更加強大穩定的兵力，於是把力量強大的農民組成家臣團，要求不必服軍役的農民納年貢或服勞役，加速了兵農分離。尤其是織田信長，他還編列一群用錢雇來的常備軍，使他的勢力急速成長。出身於信長家臣的豐臣秀吉把這種做法更加發揚光大，他讓武士集中住在城堡旁的「城下町」，讓他們與農地隔離，另一方面實施「刀狩」，沒收非武士者所持有的刀劍，卸除農民的武裝，並執行丈量田地的「檢地」，把農民與土地緊緊綁在一起，以固定社會階級。武士與農民的階級差異就是這樣形成的。

　　然而在兵農分離政策落實之前，除了正規的戰國大名家臣之外，還有農村武士及盜寇等都擁有武力，也有不少農民武裝起來，形成自律的地緣團體。《七武士》所描繪的毫無戰鬥力的農民，和真正的戰國時代農民是不同的。像四國的長宗我部氏，就是以平日務農並備戰的農村武士「一領具足」為主要兵力。即使是在身份制度色彩強烈的江戶時期，農民與武士間的身分轉變也還算頻繁，武士與農民的差異，並不像一般所想的那麼絕對。

り、兵農分離が進んでいきました。特に織田信長は、金銭で雇った常備軍を組織し、それが彼の勢力の急成長をささえていました。信長の家臣から出た豊臣秀吉は、それをさらに徹底させ、武士を城下町に集住させて土地から切り離す一方で、刀狩をおこなって農民を武装解除し、検地によって農民を土地に縛りつけ、階級の固定化を図りました。武士と農民の階級的な差異は、このようにして形成されてきたものなのです。

　ただし、兵農分離が徹底される以前には、正規の戦国大名の家臣のほかにも、地侍や野伏らは武装しており、農民が武装して自律的な地縁団体を形成するケースも多かったのです。『七人の侍』で描かれたような、自力で戦う力の無い農民像は、実際の戦国の農民とは異なります。四国の長宗我部氏などは、普段は農耕に従事しつつ戦闘にそなえる「一領具足」を主兵力としていました。身分制のイメージの強い江戸期においても、農民と武士のあいだで身分の流動は比較的頻繁にあり、武士と農民の差異は、一般的なイメージほど絶対的なものではなかったと考えたほうがよいでしょう。

第十六回

徳川家康

1543～1616年

　今回は徳川家康（1543〜1616年）についてです。いうまでもなく江戸幕府初代将軍であり、日本史上で最も有名な歴史人物の一人です。長く続いた戦乱を収束させ、264年続く幕藩体制の基礎を築きました。江戸幕府のもとでは、現在の日本の首都の東京のもととなる江戸の町が大きく発展し、また各地の藩によって作られたそれぞれの特色ある文化が、現在の全国各地の地方文化の原型となりました。いわゆる時代劇の多くは、江戸時代を舞台にしています。現在、日本文化と考えられているものの原型が多く作られたのです。

　徳川家康は、三河国岡崎城主松平広忠の子として生まれました。当時の松平氏は西の織田氏と東の今川氏に挟まれた弱小勢力で、幼少期の家康は今川氏の人質として過ごしました。しかし、1560年に桶狭間の戦いで今川義元が戦死すると、今川氏の混乱に乗じて岡崎城へ帰還し独立し、織田信長と清洲同盟を結びました。そして三河の一向一揆の平定によって西三河の領国支配体制を固め、ついで東三河、遠江を平定して戦国大名として地位を築いていきます。また同盟者の織田信長とともに京都

這回要談的是德川家康（1543～1616年）。不必說大家也都知道，他是江戶幕府第一任將軍，也是日本史上最有名的歷史人物之一。他結束長期的戰亂，為持續264年的幕藩體制奠定根基。在江戶幕府統轄之下，現在日本首都東京的前身──江戶城蓬勃發展，各藩產生的種種特殊文化，也成了現代全國各地方文化的雛型。許多歷史劇都是以江戶時代為背景，被視為日本文化的事物，有很多都是起源於這個時代。

　　德川家康是三河國岡崎城主松平廣忠的兒子。當時松平氏是夾在西方織田氏與東方今川氏之間的弱小勢力，家康的童年還是以人質身分在今川氏渡過的。不過在1560年的桶狹間之戰今川義元戰死後，他便趁著今川氏陷入混亂之際返回岡崎城獨立，並與織田信長締結清洲同盟。在平定三河的僧農抗爭後，鞏固了西三河的領地統治體制，接著又平定東三河與遠江，逐步確立戰國大名的地位。他還和同盟的織田信長攜手在京都的姊川之戰中擊敗淺井與朝倉氏聯軍，並與武田氏對峙。當時武田信玄為攻進京都而進軍至三河，家康在三方原出兵攻擊但慘敗，僥倖死裡逃生。信玄死後，家康與信長聯手在長篠之戰中獲勝，擊敗武田勝賴，將駿河收為領地。1582年本能寺之變織田信長遭暗殺後，家康攻下甲斐與信濃，擴大自己的勢力。他一度在小牧・長久手之戰與豐臣秀吉對峙，後來向秀吉稱臣。

の姉川の戦いで浅井・朝倉氏を破り、武田氏とも対峙し
ました。上洛をめざし三河へ進軍してきた武田信玄の軍
に対し、家康は三方ヶ原で出撃しましたが惨敗を喫し九
死に一生を得ました。信玄の死後は、信長とともに長篠
の戦いに勝利し、武田勝頼を攻略して駿河を領国としま
した。1582年に本能寺の変で織田信長が暗殺された後
は、甲斐・信濃を攻略し勢力を拡大していきます。そし
て小牧・長久手で豊臣秀吉と対峙しましたが、その後は
秀吉に臣従し、小田原城の北条氏が屈服するとその旧領
に転封を命ぜられ、江戸を本拠と定めました。朝鮮出兵
では渡海せず、豊臣秀吉が病没すると、五大老の筆頭と
して大きな勢力をもちました。他の大老や石田三成らと
の対立が深まりましたが、1600年に関ヶ原の戦いに勝利
し、全国的な覇権獲得を決定づけました。1603年に家
康は征夷大将軍の宣下をうけ、正式に江戸幕府が誕生す
ることになりました。二年後には将軍の座を息子の秀忠
に譲り、自らは大御所として駿河に居城し実権を握り続
けました。1614年には大阪冬の陣および夏の陣によっ
て豊臣秀頼を滅ぼしました。これによって、以後、島原

小田原城的北条氏投降後，家康接受該領地的轉封，並以江戶為根據地。豐臣秀吉出兵朝鮮時，家康沒有出海，豐臣秀吉病逝後，家康成為五大老（豐臣秀吉指定輔佐少主秀賴的五位大名）之首，擁有龐大的勢力。他和其他大老及石田三成等人的對立加深，後來在1600年關原之戰中獲勝，決定了他稱霸全國的地位。1603年天皇下詔封家康為征夷大將軍，江戶幕府於焉正式誕生。兩年後家康把將軍大位傳給兒子秀忠，自己則以將軍之父「大御所」的身分，定居駿河城，繼續掌控實權。1614年在大阪冬之陣與夏之陣對戰後，殲滅豐臣秀賴。自此之後，除了島原之亂以外，一直到幕府末年為止，都未曾再發生大規模的戰爭，史稱「元和偃武」（譯注：元和即夏之陣戰役後改元的年號）。家康於1616年病逝。

　　德川家康死後依其遺言葬在駿府的久能山，後來又遷葬至日光東照宮，被稱為「東照大權現」，作為江戶幕府的守護神，在整個江戶時代一直為人所信仰崇拜。話說回來，「權現（藉人形現身救世的佛）」究竟是什麼？日本列島在六世紀佛教傳入後，原有的傳統信仰受其影響，發展成為神道。但佛教與神道兩者往往摻和不分，奈良時代起就有很多神社裡建有神宮寺（神社內的佛寺），神佛合一的信仰形態隨處可見。在神佛合一信仰中，有種觀念叫作「本地垂跡說」。他們認為千千

の乱を除けば幕末にいたるまで大規模な戦闘はおこなわれなくなります。「元和偃武」と呼ばれます。家康は、1616年に病没しました。

　徳川家康は、遺言により死後に駿府の久能山に葬られ、のちに日光東照宮に改葬されて「東照大権現」と呼ばれ、江戸幕府の守り神として江戸時代を通して信仰を集めました。しかし、「権現」とはいったい何でしょうか。そもそも日本列島では、六世紀に仏教が伝来したのちその影響から、在来の土着信仰をもとにして神道の領域が形成されます。しかしこの両者は、おうおうにして入り交じり、奈良時代以降には多くの神社において神宮寺が建立されるなど、神仏習合とよばれる信仰形態が広くみられました。神仏習合をささえた考え方の一つに本地垂迹説というものがあります。八百万の神々は、実は種々の仏が化身として日本の地に現れたものだという考え方です。たとえば大日如来の化身が天照大神となり、阿弥陀如来が垂迹して八幡神や熊野権現となるなどです。死後の徳川家康が神格化された東照大権現は、薬師如来が垂迹したものとされたものなのです。

萬萬的神明，其實都是各種佛在日本的化身。例如大日如來的化身是天照大神，阿彌陀如來化身成為八幡神及熊野權現。而德川家康死後神格化的東照大權現，則被視為是藥師如來的化身。

　　至於家康的墓地，為什麼是在遠離江戶的日光呢？這牽扯到中國傳來的風水思想。日光大約位於江戶正北的方位。日光東照宮相當於北極星，可以從這裡對著江戶運「氣」。而且這裡也位於家康遺體最初下葬的久能山以及日本第一靈山──富士山的延長線上。而在久能山東照宮和家康故鄉岡崎的延長線上，則有祭祀豐臣秀吉的豐國神社。從這裡可以阻斷西方豐臣秀吉的「氣」。

　　家康死後的神號及葬儀等事宜，由他的親信──天台宗高僧天海主辦，並依天海所信奉的山王一實神道及風水、陰陽道來進行江戶的都市計劃。所以幕府中心的江戶及其周遭，設有很多關於靈力的布局。

　そして家康の墓所は、なぜ江戸から遠く離れた日光にあるのでしょうか。そこには、中国伝来の風水思想が介在しています。実は日光は江戸からほぼ真北の方角に位置します。北極星にあたる日光東照宮から江戸に向かって「気」を送る位置にあるのです。また家康の遺体が最初に葬られた久能山と、日本一の霊山である富士山を結ぶ線の延長上にも位置しています。そして、久能山東照宮と、家康の故郷である岡崎の延長線上には、豊臣秀吉を祭った豊国神社が位置します。西の豊臣からの「気」を遮断する役割を果たしているのです。

　死後の家康の神号や葬儀に関しては、側近であった天台宗の高僧・天海が取り仕切り、彼の奉ずる山王一実神道や風水、陰陽道にもとづく江戸の都市計画が進められました。幕府の中心地である江戸とその周囲には、多くの霊的な仕掛けが施されているのです。

第十七回

たけ だ しん げん
武田信玄

1521〜1573年

　今回は武田信玄（1521〜1573年ねん）について説明します。直江兼続の師・上杉謙信のライバルであり、最も代表的な戦国大名の一人として知られています。

　信玄は、鎌倉時代からの甲斐国（現代の山梨県）守護である名門の武田氏の当主・信虎の息子として生まれました。信虎は甲斐国を平定し、武田氏を戦国大名として確立させましたが、家臣団の遊離を招き、1541年に息子の信玄（当時は晴信と呼ぶ）によって駿河に追放されました。信玄は家督を相続するとまもなく、父が進めていた隣国・信濃侵攻を継続しました。当時の信濃国は守護の小笠原氏をはじめ、諏訪氏、村上氏ら多くの豪族が拮抗していましたが、信玄はこれらを破り、1553年頃には北信を除き信濃国をほぼ手中におさめ、のちに信濃国守護となっています。しかし、信玄に破れて敗走した信濃の村上義清らは越後の長尾景虎（上杉謙信）を頼り、その援助によって旧領を回復しようとしました。1553年に景虎は信濃へ出兵し、川中島ではじめて信玄と対戦しました。以降、信玄と謙信は、五度にわたり川中島で対戦することになります。

　一方で信玄は、対立していた隣国の駿河今川氏、小田

這次要介紹的是武田信玄（1521～1573年）。他是直江兼續的師尊－上杉謙信的敵手，也是最具代表性的戰國大名之一。

　　信玄的父親信虎是武田氏的家主，而武田氏又是鎌倉時代起就擔任甲斐國（現在山梨縣）守護要職的名門。信虎平定甲斐國，確立了武田氏戰國大名的地位，但後來被家臣孤立，1541年被兒子信玄（當時叫晴信）放逐到駿河。信玄接掌武田氏不久，便接在父親之後繼續進攻鄰國信濃。當時的信濃國有包括守護小笠原氏及諏訪氏、村上氏等豪族與之抗衡，但均被信玄擊破。1553年時，信玄已握有北信以外的大部分信濃國領土，後來成為信濃國守護。不過與信玄對戰後敗走的信濃國村上義清等人，又在越後的長尾景虎（上杉謙信）援助下，試圖收復失土。1553年景虎出兵信濃，在川中島首度與信玄交戰。後來信玄與謙信總計在川中島交戰達5次。

　　另一方面，信玄和曾經為敵的鄰國駿河今川氏、小田原北条氏聯姻結為同盟，攻打在北關東與北条氏交戰的謙信。但當駿河的今川義元在桶狹間被織田信長擊敗，今川勢力開始衰退時，信玄卻與三河的德川家康聯手出兵駿河，甚至命令反對此舉的長男義信切腹自殺，後來攻下駿河，與北条氏形成為敵對關係。而這時在京都，織田信長拱足利義昭為室町將軍，大權

原北条氏との間に婚姻関係を結んで同盟関係を結び、北関東で北条氏と戦っていた謙信と対決しました。しかし、駿河の今川義元が桶狭間で織田信長によって討たれ、今川氏が衰退をはじめると、信玄は反対する長男・義信に切腹を命じて三河の徳川家康とともに駿河に出兵し、これを手中におさめて北条氏と敵対しました。そしてこの頃、京では織田信長が室町将軍・足利義昭を奉じて権勢を誇っていましたが、やがて義昭と信長は対立し、義昭は各地の戦国大名に対し信長を攻めるようにとの書状を送って信長包囲網を展開しました。信玄は信長と表向き同盟関係を結んでいましたが、この信長討伐の書状を受けたことを機に、北条氏と再び姻戚関係を結んで同盟を回復し、1572年には上洛の兵をおこしました。信玄は大軍を率いて三河に侵攻して徳川氏の居城を次々と攻略し、三方ヶ原で徳川家康を大敗させました。越後の朝倉氏や近江浅井氏、本願寺勢力に働きかけて信長包囲網を作っていきましたが、1573年に野田城を包囲中に病いを発し、甲斐へいったん帰国する途中に病死しました。

　武田氏は、その後織田・徳川によって滅ぼされます

在握，但不久便與義昭形成對立。義昭函令各地戰國大名攻打信長，對信長展開包圍。信玄表面上與信長結為同盟，但卻在收到討伐信長的信時，趁機再與北条聯姻恢復同盟關係，1572年出兵攻打京都。信玄率大軍進攻三河，接連攻下德川氏的城堡，在三方原大敗德川家康。他並策動越後的朝倉氏及近江淺井氏、本願寺勢力聯手合作，布下信長圍攻網，但在1573年圍攻野田城時發病，在暫返甲斐的半路上病逝。

後來武田氏被織田與德川聯手擊滅，不過信玄創始的軍制及兵法由德川家康傳承下來，後來在武田遺臣小幡景憲手中發揚光大，成為號稱甲州流軍學的一門學問，對江戶時代影響甚鉅。甲州流軍學的根據是《甲陽軍鑑》這本以武田信玄為主，闡述甲州武士功績及心理建設、理想的書。其中介紹許多川中島之戰及軍師山本勘助的事蹟等等，江戶時代的人都對這些故事耳熟能詳。明治之後，實證主義史學研究指出，《甲陽軍鑑》的許多故事都和史實不符。不過這本書仍是研究戰國至江戶初期武士思想的重要史料，至今依然備受重視。戰國以前鮮少使用「武士道」這個詞，通常都是用「兵之道」「弓箭（弓馬）之道」等，從《甲陽軍鑑》裡，可以得知「武士道」最早期的用法。根據這本書的說法，當時所謂的「武士道」「武道」概念，與戰士的「勇敢」「男子氣概」關係密切，強調的

が、信玄の創始した軍制や兵法は徳川家康によって引き継がれ、のちに武田氏縁故の小幡景憲によって甲州流軍学とよばれる学問大系として確立され、江戸時代に大きな影響力をもちました。甲州流は、『甲陽軍鑑』というという武田信玄を中心とした甲州武士の事績や心構え、理想を述べた書物を拠り所としており、江戸時代には川中島の戦いや軍師・山本勘助の活躍など数々の故事が、そこから人々に広く親しまれるようになりました。明治以降には実証主義史学により、『甲陽軍鑑』の中の故事の多くは史実とは異なることが指摘されましたが、戦国時代から江戸時代初期の武士の思想を知るための史料として、現代でも重要視されています。戦国以前には「武士道」という言葉はほとんど使われることはなく、「兵の道」「弓箭（弓馬）の道」という言い方が一般的でしたが、『甲陽軍鑑』からは、「武士道」の最も初期の用法を知ることができるのです。それによると、当時「武士道」「武道」とは、戦闘者としての「勇敢さ」「男らしさ」に強くかかわる概念であり、道徳的な精神性というよりは武力による闘争の仕方をあらわすものだったようです。侮辱を受けたら直ちに戦闘を決断し、喧嘩を恐れな

是武力爭鬥的方式，而非道德精神。受到侮辱立刻以武力反擊、不怕與人衝突等粗暴行徑，在《甲陽軍鑑》中被視為代表武士氣概，推崇備至。這種特質，和在儒教道德洗禮下一片祥和的江戶時代中的「士道」大相逕庭，常被人說它很類似現在的黑幫。

明治之後，日本基於四民平等及國民皆兵的原則，武士階級已經消失。但受到新渡戶稻造所著的《武士道》等影響，尤其是在甲午戰爭、日俄戰爭後，「武士道」蔚然成風，被視為一種「國民思想」。日本近年來或許是因為長期經濟不景氣的關係，有些人又在鼓吹「武士道」，說它是「現代日本人喪失的傳統民族精神」。不過要特別注意的是，現代人在大談「武士道精神」時，內容經常都是隨便舉出一些武士的事蹟，再依自己的喜好或目的改編。在不同的歷史背景下，武士以及他們的生活、思想有很大的不同，所以戰國時代的武士，和明治以後的「武士道」觀念是完全不同的。而且真要說起來，武士的人數僅占日本列島總人口幾個百分點，他們的思想能算是「民族思想」嗎？

い荒々しさが、『甲陽軍鑑』のなかで武士らしさとして賞賛されているのです。その様子は、儒教道徳の強い影響下にあった平和な江戸時代の「士道」とは大きく異なり、現代のヤクザとの類似性もしばしば指摘されます。

　明治以降の日本では、四民平等や国民皆兵の原則により武士階級が消滅しましたが、新渡戸稲造『武士道』等の影響もあり、特に日清・日露戦争後に「国民思想」としての「武士道」が流行しました。近年の日本でも、長期的な経済不況を背景としてか、「現代の日本人が喪ってしまった伝統的な民族精神」として「武士道」が喧伝されることがあるようです。しかし気を付けたいのは、現代人が「武士道精神」を喧伝するさい、その内容は、しばしば武士のさまざまな事績を恣意的にとりあげ、論者の好みと都合に合わせて編み上げているにすぎないことが多い点です。歴史上のそれぞれの場面において、武士とその生活や思想は大きく変化しており、戦国時代の武士の姿は、明治以降の「武士道」の観念とはまったく異なるのです。そもそも、日本列島の全人口のわずか数パーセントにしかすぎなかった武士の思想を、「民族思想」と呼ぶことが出来るのでしょうか。

第十八回

石田三成

1560〜1600年

　今回は、直江兼続と親交の深かった武将・石田三成（1560〜1600年）について述べます。「天下分け目の戦い」とよばれる関ヶ原の戦いで西軍を指揮し、徳川家康の率いる東軍に敗れたことで、その後の歴史を決定づけた人物です。関ヶ原で三成が敗れたことで、直江兼続の人生も大きな転機を迎えることになりました。

　石田三成は、近江国坂田郡石田村に生まれ、長浜城主だった羽柴秀吉（豊臣秀吉）に俊敏さを認められたことで幼少の頃から近侍として仕えました。秀吉が関白になると、近江水口の城主に封じられ、豊臣政権の有力な奉行の一人として政務に当たり、特に越後の上杉景勝の帰順に貢献しました。この頃に、上杉氏の臣である直江兼続と親交をもったようです。さらに小田原征伐や奥州の遠征に加わり、奥州諸大名の整理や反乱の鎮圧にあたりました。太閤検地に際しては有能な行政官僚としてその実施に貢献しています。晩年の秀吉が朝鮮出兵を始まると渡海し、増田長盛、大谷吉継とともに朝鮮出兵の総奉行を務めました。もともと三成は武将とはいっても軍事

這次要談的是和直江兼續交情深厚的武將——石田三成（1560～1600年）。他在史稱「一戰定天下」的關原之戰中指揮西軍，敗給了德川家康所率領的東軍，決定了之後的歷史。三成在關原之戰大敗一事，也使直江兼續的人生出現重大轉機。

石田三成出生於近江國坂田郡石田村，由於機靈聰敏，受到當時長濱城主羽柴秀吉（豐臣秀吉）的賞識，從小就擔任秀吉的近侍。秀吉成為關白之後，他被封為近江水口的城主，在豐臣政權的五大「奉行」中，以主導地位掌理朝政，尤其是在越後的上杉景勝歸順一事中厥功甚偉。似乎就是在這段時間，他和上杉氏的臣屬直江兼續開始密切交往。接著他在征伐小田原及遠征奧州之後，又整頓奧州諸大名、鎮壓反抗勢力。他也是一個優秀的行政官員，在執行豐臣秀吉的土地丈量政策——「太閣檢地」時貢獻良多。秀吉晚年出兵朝鮮時，他渡海至朝鮮，與增田長盛、大谷吉繼一起擔任出兵朝鮮的「總奉行」之職。三成雖說是武將，不過他在行政方面的才華優於軍事方面，在出兵朝鮮時，他主要也是擔任後勤支援，並和小西行長等人與明朝談判媾和。

秀吉死後他負責撤軍的工作，但與前線將士之間溝通不良，導致他與加藤清正、黑田長政、蜂須賀家政、鍋島直茂等武將派

よりは吏務を得意とし、朝鮮出兵でもおもに兵站関係を担当し、小西行長らと明との講和交渉にあたっていました。秀吉が死去すると兵の撤収につとめましたが、前線の将兵間で意思の疎通の欠落を生み、三成は、加藤清正、黒田長政、蜂須賀家政、鍋島直茂ら武人派との間に対立を生み、後に彼らによる襲撃をうけることにすらなりました。

　豊臣秀吉が死去した後、三成は幼少の豊臣秀頼の補佐にあたりましたが、徳川家康が勢力を伸ばし、三成と対立を深めました。三成が家康の暗殺を図るなどする一方で、家康は、三成と敵対する福島正則や加藤清正、黒田長政らと、豊臣氏の許可をなく姻戚関係を結んでいきました。1600年、家康の打倒を目指す三成は、家康が上杉景勝の討伐のため会津へ出兵を開始すると、景勝および直江兼続と連絡を取り、諸国の大名へ家康打倒を呼びかけました。三成の呼びかけに応えたのは、総大将の毛利輝元をはじめ多くが西日本の諸大名だったため、西軍と呼ばれます。それに対して、会津に向かう途中の家康

石田三成的大一大萬大吉紋。
這是文字排列方式最常見的一種。

之間出現對立，後來甚至還遭到他們的襲擊。豐臣秀吉死後，三成輔佐年幼的豐臣秀賴，然而德川家康勢力壯大，與三成的對立加劇。三成策畫暗殺家康，而家康則在未經豐臣氏的許可下，陸續與三成敵對的福島正則、加藤清正、黑田長政等結為親家。1600年，家康為了討伐上杉景勝而出兵會津，一心想打倒家康的三成得知後，與景勝及直江兼續取得聯絡，並號召各地大名一起打倒家康。由於響應三成號召的，包括總指揮毛利輝元在內，大多是西日本的大名，所以被稱為西軍。對此，原本正朝會津前進的家康迅速掉頭向西，東西兩軍在關原展開決戰。一開始戰況對西軍較為有利，但家康戰前已設計好讓小早川秀秋陣前倒戈，使西軍陣腳大亂，三成的部隊也潰不成軍。三成逃出戰場躲藏，但後來被捕，在京都六条河原遭處決。

は、迅速に西へ引き返し、東西両軍は関ヶ原で決戦を展開しました。当初は西軍がやや有利でしたが、家康による戦前の工作により小早川秀秋が裏切り、西軍は総崩れとなり、三成の部隊も壊乱しました。三成は戦場を脱出して潜伏しましたが捕らえられ、京都の六条河原で処刑されました。

　ところで、石田三成といえば関ヶ原の戦いが有名ですが、数万の兵が参加し国内勢力を二分するこの戦いは、むしろ例外的に大規模なものであり、戦国時代の合戦には、様々な規模や形態が存在しました。数量的には、隣接する敵対勢力同士による嫌がらせや投石、放火など小競り合いが多数を占め、死傷者の多くは、時代劇等でよく見られる刀剣による白兵戦ではなく、弓矢鉄砲、投石によるものが多数を占め、数量も近代兵器を駆使する現代の戦争とは比較にならないほど少なかったようです。また、武士の合戦というと、互いに名乗りを上げて一騎討ちをおこなうイメージがありますが、それはあくまでも建前であり、源平時代といえども、少数の相手を大勢

提到石田三成，他最有名的就是關原之戰，不過這場參戰士兵達數萬人、國內勢力一分為二交戰的戰役，規模之大實屬特例。戰國時代的交戰規模與形態很多種。次數最多的，是毗鄰的敵對勢力互相騷擾、丟石塊、放火等小規模衝突，死傷者多半都是被弓箭或槍彈、石塊擊中，而不是像時代劇中常見的刀劍肉搏戰，死傷人數也遠不及使用先進武器的現代戰爭。還有，說到武士的交戰，大家的印象都是武士彼此報上名號，然後一對一騎馬交戰。其實那終究只是一種表面上的原則，史學家認為，即使是在平安末年的源平交戰時代，也通常採用以眾擊寡的方式，一大群人包圍並殺死少數人。使詭計暗算也是當然的手段。還有，在明治以前，日本列島上所使用的馬匹體型都很小，只有120～150公分高，跟現在的純種馬不能相提並論。武士身穿數十公斤重的盔甲，騎在這種馬身上，應該無法全力奔馳吧。當時的騎馬技術也不佳，戰鬥時通常都是下馬來打。當年有沒有像電影跟電視劇所演的騎馬交戰？這點是存疑的。

電影跟電視上的時代劇，往往會把後世的觀念和常識反映在戰國時代的人及社會上，施加一些與史實不符的誇大渲染。在觀賞的同時，留意這些誇大渲染的部分，或許也是看時代劇的樂趣之一。

で包み込で殺してしまうのは普通のことだったと考えられます。謀略や騙し討ちも当然の手段だったのです。さらに、明治以前の日本列島で使用されていた馬は、体高が120〜150センチほどしかなく、現代のサラブレッド等とは比較にならないほど小さいものでした。数十キロの鎧兜を着た武者を乗せた状態では、満足に疾駆することはできなかったでしょう。騎乗の技術も低く、戦闘時には馬を降りて戦うのが普通でした。映画やドラマのような騎馬戦が行われたかどうかは、疑問が出されています。

　映画やテレビの時代劇では、しばしば後代の観念や常識を戦国時代の人々や社会に投影することで、実際の歴史上にはありえない脚色が施されることがあります。そうした脚色に注意しつつ鑑賞することも、時代劇の楽しみ方の一つといえるかもしれません。

第十九回

伊達政宗
だ て まさ むね

1567〜1636年

　今回は、伊達政宗（1567〜1636年）について述べます。中央で豊臣秀吉が覇権を固めていた頃、若くして東北地方に大勢力を築き、豊臣・徳川の下についたのちも、最期まで政権簒奪の野望を捨てなかったともいわれます。

　伊達政宗は米沢城主伊達輝宗の嫡男として生まれました。五歳のときに疱瘡を病んで右目を失い、そのため後世に唐の武将李克用にちなんで「独眼竜」と呼ばれることになりました。18歳の時、当時まだ41歳だった父から家督を譲られました。1584年に戦国大名の大内定綱を強引に屈服させましたが、大内と結んでいた畠山義継の離反を招き、政宗は人質となった父・輝宗もろとも義継を殺すことになります。この事件がきっかけで政宗は、畠山氏とその救援にかけつけた佐竹氏・蘆名氏などの反伊達連合軍と対立し、人取橋の戦いで辛勝しました。この頃、豊臣秀吉が統一事業を進め、東北地方の諸大名に私戦禁止令を出していましたが、政宗はそれを無視して戦いを継続し、摺上原の戦いで圧勝して蘆名氏を滅し、東北地方南部の広い地域を手中に収めました。しかし、蘆

這回我們來談談伊達政宗（1567年～1636年）。當豐臣秀吉在中央掌握霸權時，伊達政宗年紀輕輕就在東北地方建立起龐大勢力，雖然後來對豐臣及德川稱臣，但相傳他一直到死前都沒放棄過奪取政權的野心。

　　伊達政宗是米澤城主伊達輝宗的嫡子。5歲時罹患天花導致右眼失明，因此後人引用唐朝武將李克用的外號，稱他「獨眼龍」。他18歲的時候，當年才41歲的父親就把家業傳給了他。1584年他逼迫戰國大名大內定綱降服，此舉導致原本與大內結盟的畠山義繼的離心。政宗殺了義繼，還連帶殺死了被當作人質的父親輝宗。這起事件演變成政宗和畠山氏，以及趕來救援的佐竹氏、蘆名氏等反伊達聯軍的大戰，政宗在人取橋之戰中險勝。當時豐臣秀吉正在推動統一大業，下令禁止東北地方各大名私自開戰，但政宗無視這道命令繼續作戰，在摺上原之戰中大勝，消滅蘆名氏，將東北地方南部的一大片區域收歸己有。然而此時蘆名氏已是豐臣旗下的大名，政宗此舉形同與豐臣對立。

　　當豐臣秀吉開始攻打關東北条氏時，原本與北条有同盟關係的政宗，對於是否出兵協助秀吉一事躊躇不決，不過後來還是在秀吉圍攻小田原時參戰，加入秀吉麾下。他在豐臣政權領導下，曾隨軍遠征朝鮮半島。據說由於當時伊達軍的陣容十分

名氏はこの時すでに豊臣傘下の大名となっていたため、政宗は豊臣と対立するかたちとなります。

　豊臣秀吉が関東の北条氏の攻略を始めると、もともと北条氏と同盟関係にあった政宗は秀吉に協力することに逡巡しましたが、結局小田原包囲中の秀吉のもとに参じ、その下につくことになりました。豊臣政権下では朝鮮出兵に従軍して朝鮮半島へ渡りました。その時の伊達軍の陣容が非常に華美なものであったため、派手な装いを好む者のことを「伊達者」と呼ぶようになったともいわれます。関ヶ原の戦いに際しては、徳川家康の側につき、上杉景勝と直江兼続を会津に引き留める役割を担い、上杉氏と対立・交戦しました。関ヶ原後は仙台に拠点を築いて仙台藩の始祖となり、領国の開発に取り組みました。徳川政権下では、二代将軍秀忠、三代将軍家光の代まで仕え、なかでも合戦の経験をもたない家光には「伊達の親父殿」と大変尊敬されていたようです。

　一方で、いつ謀反をおこすかもしれない要注意人物として常に警戒されていたことも事実です。政宗は1613年に、フランシスコ会宣教師ルイス・ソテロを正使、そし

亮麗搶眼，所以後來大家就用「伊達者」來形容愛好華麗裝扮的人。

在關原之戰時，政宗加入德川家康陣營，負責把上杉景勝與直江兼續景勝擋在會津，與上杉氏展開對立並交戰。關原之戰後，政宗以仙台為據點，成為仙台藩的始祖，致力於領地的開發。他一直臣屬於德川政權，歷經二代將軍秀忠到三代將軍家光，還被沒有作戰經驗的家光稱為「伊達老爹大人」，備受尊敬禮遇。

另一方面，他也被視為隨時都可能謀反的危險人物，幕府一直都對他十分警戒。1613年，政宗命方濟會傳教士路易斯‧索特洛（Luis Sotelo）為正使，家臣支倉常長為副使，組成慶長遣歐使節團，去拜訪西班牙國王腓力三世（Felipe III），以及羅馬教宗保祿五世（Paulus PP. V）。派遣使節的目的是為了與歐洲交涉通商事宜，不過有一種說法是：政宗是企圖藉此和當時的全球殖民地大國西班牙締結軍事同盟，以推翻幕府，而且這點家康和秀忠也有所察覺。

戰國至江戶幕府初期這段時間，日本列島由多數勢力割據，一直未形成統一的國家，但同時也是和西歐等海外地區交流活絡的時代。葡萄牙人和西班牙人很早就來到日本列島，之後又有荷蘭及英國的船隻前來。德川家康曾聘英國人威廉‧亞

て家臣の支倉常長を副使として、スペイン国王フェリペ3世とローマ教皇パウルス5世のもとに慶長遣欧使節を派遣しました。ヨーロッパとの通商交渉が目的でしたが、政宗はこれを利用して当時世界的な植民地帝国だったスペインと軍事同盟を結び幕府を転覆しようと目論でおり、さらに家康・秀忠側もそれを察知していたという説があります。

　戦国から江戸幕府の初期にかけての日本列島は、多くの勢力が割拠し長らく統一国家が存在しませんでしたが、同時に西欧を含む海外の地域との交流が活発な時代でもありました。早くはポルトガル、スペイン人が日本列島へ到達し、またそれに遅れてオランダ、イギリスの船が到達しました。徳川家康はイギリス人のウィリアム・アダムス（三浦按針）やオランダ人のヤン・ヨーステンを外交顧問としていましたが、キリスト教——特にカトリックに対する警戒心から、スペインに対して本格的な外交を開くことはありませんでした。こうしたなか、政宗は家康に対抗してスペインとの独自の外交を目指したのです。

當斯（William Adams，日文名：三浦按針）及荷蘭人耶楊子（Jan Joosten）為外交顧問，不過幕府對基督教，尤其是對天主教戒心很重，因此並未與西班牙展開正式的外交。政宗就是在這情況下與家康對抗，想獨自與西班牙進行外交。

使節團搭乘聖胡安包蒂斯塔（San Juan Bautista）號從牡鹿半島的月浦出發，行經墨西哥抵達西班牙。當時在西班牙，大家都以為日本是「黃金國度」，各國都很想與日本通商。再加上西班牙想在日本推廣基督教，所以起初使節團受到西班牙舉國上下的歡迎。支倉常長在國王及總理大臣觀禮下，受洗成為基督徒，還被列為貴族。但後來大家逐漸瞭解日本並非「黃金國度」，而且又傳出日本全面禁止基督教的消息，大家的熱情就開始降溫了。最後通商交涉沒有成果，常長返回日本，不過使節團中也有人選擇留在西班牙。現在西班牙西南部的科里亞爾德里奧（Coria del Río）有些人姓「哈彭（Japón，指日本）」，可能就是慶長遣歐使節團的後代。

　使節団はサン・フアン・バウティスタ号に乗船して牡鹿半島の月ノ浦を出発し、メキシコを経由してスペインへ到着しました。当時のスペインでは日本は「黄金の国」と考えられており、各国が通商を望んでいました。また日本でのキリスト教普及のねらいもあり、使節団は当初スペインで国を挙げて歓迎されました。支倉常長は国王や総理大臣も出席する中でキリスト教の洗礼をうけ、貴族に列せられています。しかし次第に日本が「黄金の国」ではないとわかり、また日本でのキリスト教全面禁止が伝わると、そうした熱は冷めていきました。常長は結局通商交渉をまとめることができずに帰国しましたが、使節団のなかにはスペインの地にとどまる道を選ぶ者もいました。現在でも、スペイン南西部の町コリア・デル・リオには「ハポン（日本を意味する）」という姓を持つ人々が存在しますが、彼らは慶長遣欧使節団の子孫と考えられています。

第二十回

よど どの
淀　　殿

1569？～1615年

　淀殿（1569？～1615）は、豊臣秀吉の側室であり、その跡継の豊臣秀頼の母として有名です。近江の戦国大名・浅井長政と織田信長の妹・お市の方の長女として生まれました。1573年に父・浅井長政が織田信長に滅ぼされると母に伴われて脱出し、尾張清洲城で育てられました。本能寺の変で信長が横死した後は、信長の重臣・柴田勝家のもとに嫁いだ母と共に越前へ向かいました。柴田勝家が秀吉によって滅ぼされると、自害した母と別れて秀吉の庇護を受けることになり、その側室となりました。1590年には懐妊し、「棄（のち鶴松）」を出産しましたがまもなく病死しました。秀吉が朝鮮侵略の兵をおこし、九州の名護屋城で諸軍を統率する間、淀殿は大坂で懐妊し、1592年に再び男児「拾」を出産しました。のちの豊臣秀頼です。当時秀吉には子がなく、かわりに甥の秀次を養子としていましたが、秀頼が生まれると秀次を疎んずるようになり、1595年には秀次に切腹を命じてその妻子・侍女にいたるまでを処刑しました。

　秀吉の死後、淀殿は秀頼の後見人として豊臣家の家政を取り仕切るようになりますが、1600年の関ヶ原の戦いで、淀殿と近い関係にあった石田三成が滅び、豊臣家

淀夫人（1569?～1615）是豐臣秀吉的側室，她因為是秀吉繼承人豐臣秀賴的母親而知名。她是近江的戰國大名淺井長政和織田信長之妹阿市夫人所生的長女。1573年她父親淺井長政被織田信長擊滅後，她隨母親逃出戰火，在尾張清洲城長大。本能寺之變信長橫死，她又隨著嫁給信長重臣柴田勝家的母親一起前往越前。柴田勝家被秀吉殲滅後，她母親自盡，她則接受秀吉的庇護，成為秀吉的側室。1590年懷孕並生下「棄（後改名鶴松）」，但出生不久即病死。秀吉舉兵侵略朝鮮，在九州的名護屋城統率諸軍之際，淀夫人在大阪懷孕，1592年再度生下一名男嬰「拾」，就是後來的豐臣秀賴。當年秀吉沒有孩子，收了外甥秀次為養子，但秀賴出生後，秀吉便開始疏遠秀次，1595年命秀次切腹，連秀次的妻兒及侍女都處死。

　　秀吉死後，淀夫人以秀賴監護人之名，掌管豐臣家的家政。1600年關原之戰中，與淀夫人關係親近的石田三成滅亡，豐臣家的勢力也明顯衰退。德川家康被任命為征夷大將軍後，接收了許多原屬於豐臣家的領地，豐臣家領地僅剩攝津、河內、和泉等三國。不過豐臣家對各國大名的影響力依然很大，1614年淀夫人與德川氏開戰，史稱大阪之陣。德川幕府軍包圍大阪城，但由於大阪城固若金湯，因此一度議和，在這段時間德川幕府軍填平大阪城的外護城河，之後再度開戰。1615年攻

の力は著しく低下してしまいました。徳川家康が征夷大将軍に任ぜられると、豊臣家の所領の多くは接収され、摂津・河内・和泉の三国を残すのみとなりました。しかし諸国の大名に対する影響力はなお大きく、1614年、淀殿は徳川氏と開戦しました。大坂の陣といいます。徳川幕府軍は大坂城を包囲しましたが、その防御が非常に固かったためいったん講和し、その間に大坂城の外堀を埋めたのち戦闘を再開しました。1615年に大坂城は落城し、淀殿は秀頼とともに城中で自害しました。

　ところで「淀殿」は彼女の本名ではなく、本名は「浅井茶々」もしくは「浅井菊子」です。存命当時は、その居住地によって「淀の方」、「二の丸殿」、「西の丸殿」などと称されました。明治期に「淀君」という名が一般化し、近年までその名が定着していましたが、最近ではあまり用いられません。当時の武家や貴族社会では、人々は普段の生活では本名（「忌名」もしくは「諱」と呼びます）を使用せず、居住場所や領国、官職などを用いてその人を指していました。たとえば徳川家康であれば「三河殿」「内府殿」などと呼ばれ、「家康様」などと名前を直接呼ぶことは大変な失礼にあたり

下大阪城，淀夫人與秀賴一起在城內自盡。

說起來「淀夫人」並不是她的本名，她本名叫「淺井茶茶」，也叫「淺井菊子」。她活著的時候依住處不同，曾被稱為「淀夫人」「二之丸夫人」「西丸夫人」等等。明治時代一般稱她「淀君」，這個名稱一直沿用到近幾年，但最近又不太用了。當時在武士家及貴族社會中，人們日常生活不使用本名（稱為「名諱」），而是以居住地點或領地、官職等來指稱。像德川家康就被稱為「三河大人」「內府大人」等，直呼其名如「家康大人」是極其失禮的事。特別是女性，連在歷史上占有一席之地的人物都經常本名不詳，有些甚至根本沒有名字。族譜裡女兒也多半沒記載名字，只單單寫著：「女」。像「紫式部」「清少納言」是依其父官職等來叫的稱呼，本名不詳。

日本列島的習俗原本傾向於母系社會，像《魏志倭人傳》裡關於女王卑彌呼的記述，可能就顯示出這一點。在引進律令國家制度後，儒教男尊女卑的價值觀念逐漸普及，但以母系為主體的家庭形式仍根深蒂固，在平安時代的貴族社會裡，「訪妻婚」這樣的婚姻形態就十分普遍。

這種婚姻制度是男女分居兩地，丈夫造訪妻子的家，生下來的小孩在妻家扶養長大。隨著時代推進，「招夫婚」或「入贅婚」之類請男性進入女性家裡同住的形態逐漸增加。鎌倉時

ました。特に女性の場合、歴史上で活躍した人物でさえしばしば本名が不明であり、そもそも名前自体つけられていなかったケースも多かったのです。家系図の中でも、女子の名は記載されず、多くの場合ただ「女」とされていました。「紫式部」「清少納言」などは、父の官職等をもとにした呼び名であり、彼女たちの本名はわかっていません。

　もともと日本列島では、母系制社会の習俗が強く、『魏志倭人伝』に見える女王卑弥呼の記述などもそのことを示しているかもしれません。律令国家制度を導入したのち、儒教的な男尊女卑の価値観が普及していきましたが、母系を主体とした家族形態は根強く残り、平安時代の貴族社会では、「妻問婚」という婚姻形態が一般的でした。男性と女性は別居し、夫が妻の家に通い、生まれた子供は妻の家で育てるという制度です。時代が下ると、「招婿婚」もしくは「婿入婚」という、女性の家に男性を迎え入れる形で同居する形態が広まりました。鎌倉時代の武家社会では、女性が家督を相続したり地頭に任命されることもあったのです。しかし戦国時代には度重なる戦乱のため、女性の力は非常に弱いものとなりま

代的武家社會中，甚至有女性繼承家業，或是被任命為管理莊園的「地頭」。但戰國時代由於戰亂頻仍，女性的力量變得十分薄弱。男性迎娶女性進家裡的「嫁娶婚」成為主流，女性還常被當作政治聯姻的工具。江戶時代之後，由於儒教道德的普及，女性的地位更加低落。

現在的日本法律規定，婚後夫妻中有一人必須改姓，事實上改姓的以女性占絕大多數。近年來，隨著女性地位的提升，許多人主張應准許夫妻不同姓，但另一方面也有不少政治家持反對意見，認為「夫妻不同姓會破壞日本的傳統習俗」。不過在這裡要說明一點，就是婚後改姓的傳統，是源自於明治時期所制定的民法。據了解，到江戶時代為止，日本都是和現在的中國、韓國、台灣一樣，婚後妻子是不改姓的。日本史上知名的女性，像「北条政子」「日野富子」等，婚後也都維持原本姓氏。現在所謂的「日本傳統習俗」，很多都是像這樣，在近代基於政治因素而訂定出來的。

した。男性の家に女性を迎え入れる「嫁入婚」が一般化

し、女性はしばしば政略結婚の道具として扱われまし

た。江戸時代になると儒教道徳の普及により、ますます

女性の地位は低下していきました。

　　現代の日本の法律では、結婚したのち夫婦どちらかの

姓を変えなければならず、事実上、女性の側が改姓する

場合が圧倒的です。近年では、女性の地位向上に伴い夫

婦別姓を認めるべきと主張する人も多いのですが、一方

で、「夫婦別姓は日本の伝統習俗を破壊する」との理由

からそれに反対する政治家等も少なくありません。ただ

しここで一つ知っておきたいのは、結婚後に改姓する習

慣は、明治期に定められた民法に由来するものであり、

江戸時代までは、現在の中国や韓国、台湾等と同様に、

結婚した後も妻の姓が変わることはなかったということ

です。日本史上の有名な女性でも、「北条政子」「日野

富子」などは結婚後も姓はそのままです。このように、

現在「日本の伝統習俗」といわれるものの多くは、比較

的最近になって政治的な都合で作られたものであること

が多いのです。

第二十一回

うえ すぎ かげ かつ
上杉景勝

1555〜1623年

　上杉景勝（1555〜1623）は直江兼続の主君であり、豊臣・徳川政権の時期に北陸の大勢力の当主をつとめ、米沢藩の祖となりました。景勝は上杉謙信の甥として生まれましたが、父の死後謙信の庇護をうけて育ちました。1578年に謙信が後継体制を固めないままに急死すると、義弟の上杉景虎との間で相続争いがおこりましたが、武田勝頼との和睦を後盾に景虎を滅ぼしました。その後、直江兼続を執政として専制体制を固め、織田信長、豊臣秀吉、徳川家康といった中央勢力と対決しました。1581年には織田信長軍に包囲されましたが、本能寺の変で信長が横死したことにより危機を脱しました。しかしその後、秀吉から人質を要求され屈服し、独自の戦国大名から豊臣政権下の一大名へと転化します。秀吉の権力を背景に領国支配を固める一方、小田原征伐や朝鮮出兵に参加し、太閤検地に従事し、1599年には会津へ国替えを命じられました。秀吉の死後はいわゆる五大老の一人として政局収拾にあたり、徳川家康と対立しました。1600年には石田三成と結んで会津で挙兵し、徳川家康の会津征伐と関ヶ原の戦いを誘発しました。石田三成の敗北を知ると家康に降伏し、上杉氏の存続は許された

上杉景勝（1555～1623）是直江兼續的君主，在豐臣及德川政權時代，擔任北陸地區一大勢力的家主，後來成為米澤藩的始祖。景勝是上杉謙信的外甥，父親去世後在謙信的庇護下成長。1578年，謙信尚未確立接班體制即猝死，景勝與義弟上杉景虎互爭繼承權。景勝與武田勝賴談和，在武田勝賴的支持下除掉景虎。之後命直江兼續執政，建立專制體制，與織田信長、豐臣秀吉、德川家康等中央勢力展開對決。1581年曾遭織田信長的軍隊圍攻，後來發生本能寺之變，信長橫死後解除了危機。但後來屈服在豐臣秀吉勢力下，答應抵押人質，從獨立的戰國大名變成豐臣政權下的大名之一。他以秀吉的權力為靠山，強化領地的統治，同時也參與小田原征伐及朝鮮出兵、執行丈量全國土地的太閣檢地，1599年奉命將封地遷至會津。秀吉死後，他成為輔佐豐臣秀賴的五大老之一，負責收拾整頓政局，與德川家康對立。1600年與石田三成結盟，在會津興兵，引發德川家康出兵征討會津，以及之後的關原之戰。獲知石田三成敗北後，景勝向家康投降，雖然保住了上杉一族，但被命令將領地遷至米澤，從豐臣政權下的第三大大名，淪落為德川幕藩體制下的小大名。之後他在大阪之陣參戰，同時也奠定藩政的基礎。

　　上次我們提到了日本史上的人名，這回再繼續談談這個話

ものの米沢へ転封を命ぜられ、豊臣政権下第三の大大名から徳川幕藩体制下の小大名へと転落することとなりました。その後大阪の陣に参加する一方で藩政の基礎を固めました。

　前回、日本史上における人の名前の話が出たので、それについてもう少し続けたいと思います。皆さんは、改姓名あるいは創氏改名というものをご存知でしょうか。第二次世界大戦中、当時日本の植民地支配下に置かれていた朝鮮や台湾の人々に、日本風の名前を名乗らせたものです。それまで朝鮮には李・張・金などの姓がありましたが、それに加えて日本風の氏を創設させたのです。台湾では改姓名といって姓そのものを日本風に変えさせました。

　李・金などの姓は、父系の血縁関係を表すのに対し、日本列島の氏や苗（名）字は同一の家に属することを示します。もともと古代の日本列島では、律令制と戸籍制度のもとに天皇・諸王・奴婢を除くすべての領民が、姓を称し、その身分をも表していました。蘇我・物部・源・平・藤原・橘などがその代表的なもので、中国や朝鮮半島の李・張などの姓に相当します。しかし、古代の

167

題。大家知道「改姓名」或「創氏改名」嗎？它是指第二次世界大戰時，當時隸屬日本殖民地的朝鮮及台灣，規定人民要取日式名字。朝鮮人是在原有的李、張、金等「姓」之外，再新創一個日本式的「氏」。台灣人則是改姓名，姓本身改為日式的。

　　李、金等姓代表父系的血緣關係，而日本列島的「氏」或「苗（名）字」則是代表屬於同一家。原本在古代的日本列島，就依律令制及戶籍制度，規定除了天皇、諸王、奴婢之外，所有人民都以「姓」稱之，並代表其身分。其中較具代表性的有蘇我、物部、源、平、藤原、橘等姓，就跟中國和朝鮮半島的李、張等姓一樣。但律令制及戶籍制度瓦解後，古代的姓也隨之式微，平安時代之後，很多人開始用特定家族集團的家名為氏。而隨著同族意識的增強，出現了源自地名或官職、天文、方位、地形、動植物等緣由不一的氏。例如代表武家的姓當中，有一個叫「源」。它是鎌倉幕府將軍源賴朝的姓，但在他們子孫當中，以下野國（今栃木縣）足利莊為據點的一族自稱足利氏，同樣地，以上野國（今群馬縣）新田莊為根據地的一族就自稱新田氏。室町幕府首任將軍足利尊氏和他的對手新田義貞的名字，即源自於此。上杉景勝的上杉氏原屬公卿之族，是藤原北家的後裔，但鎌倉時代領地在丹波國何鹿郡上杉

姓は律令制と戸籍制度が崩壊するとともにくずれ、平安時代以降には特定の家集団の家名として苗（名）字が多く使われるようになりました。同族意識の強化にともなって、地名や官職、天文や方角、地形、動植物等さまざまに由来する苗字が生まれたのです。例えば、代表的な武家の姓の一つとして源があります。鎌倉幕府将軍の源頼朝の姓ですが、この子孫のうち下野国（現在の栃木県）の足利荘に拠点を置く一族は足利氏を名乗り、同様に上野国（現在の群馬県）の新田荘に本拠を置く一族は新田氏を名乗りました。室町幕府初代将軍の足利尊氏とそのライバル新田義貞の名前は、ここに由来します。

上杉景勝の上杉氏は、もと藤原北家の流れを汲む公家でしたが、鎌倉時代に丹波国何鹿郡上杉庄を領したことで上杉を名乗ることになりました。しかし、朝廷や外国向けの正式の文書では、依然として本姓が使用されました。室町幕府三代将軍の足利義満は、明国に使者を送るにあたって征夷大将軍源義満を名乗っています。徳川家康の正式名は徳川次郎三郎源朝臣家康であり、織田信長の正式名は織田三郎平朝臣信長といいます。

　苗字には、しばしば権威意識が反映され、苗字の独占

庄，因此自稱上杉。不過在對朝廷或外國的正式文件中，仍然會使用本姓。室町幕府第三代將軍足利義滿在派使者赴明朝時，就自稱征夷大將軍源義滿。德川家康的正式名字是德川次郎三郎源朝臣家康；織田信長的正式名字叫作織田三郎平朝臣信長。

　　氏往往代表某種權威意識，有人獨占某氏，也有主公賜氏給家臣。因此當年有很多人製造假族譜，或是買賣族譜。到了江戶時代，在兵農分離的政策下，除了「庄屋」「名主」之類的村長等特權階級外，原則限制平民不得擁有氏。但其實大部分的平民還是保有自己的氏，許多古代文件都留有農民簽署的氏。明治維新之後，1870年政府開放平民公開稱氏，這時大家報名字時的氏不盡然都是自創的，很多都是沿用江戶時代私下擁有的氏。同一年施行戶籍法，強制規定所有國民都必須有氏。大戰期間的創氏改名和改姓名政策，就是想把明治時代的這項改革推廣到朝鮮和台灣。現代日語中的「姓」「氏」「苗（名）字」，在使用上意思差不多都一樣。

や主家による家臣への授与などがなされました。そのた
め偽系図の作成や系図の売買は相当に行われたようで
す。江戸時代になると、兵農分離にともなって庄屋・名
主などの一部の特権階級を除いて、庶民が苗字を持つこ
とは表向き禁止されることになりました。しかし、実際
には大部分の庶民は苗字を所有しており、多くの古文書
に農民による苗字の署名が残されています。明治維新
後、1870年に平民の苗字公称が許可されましたが、その
さいに人々が名乗った苗字は、必ずしもまったく新しく
創りだしたものではなく、江戸時代から私的に所有して
いた苗字によっているものが多いようです。また同年に
は、戸籍法が施行されたことによりすべての国民が苗字
を持つことを強制されることになりました。戦時期にお
ける創氏改名や改姓名は、明治期におこなわれたこの改
革を、朝鮮や台湾にまで押し広げるものでした。現在で
は、姓・氏・苗（名）字は、ほぼ同じような意味で使わ
れています。

第二十二回

<ruby>加<rt>か</rt></ruby><ruby>藤<rt>とう</rt></ruby><ruby>清<rt>きよ</rt></ruby><ruby>正<rt>まさ</rt></ruby>

MP3 22-01 〜 MP3 22-06

1562〜1611年

　加藤清正（1562～1611年）は、豊臣秀吉の有力な武将であり、数々の逸話をもつ武人として知られます。秀吉の死後は徳川家康につき、肥後（現在の熊本県）の領主として現在の熊本平野の基礎を築きました。

　豊臣秀吉と同郷だった清正は、幼少時から秀吉に仕え、賤ヶ岳の戦いでの活躍から「七本槍」の一人として讃えられ、頭角を現しました。その後秀吉の九州征伐に従い、肥後国の約半分を治めるようになりました。豊臣秀吉が朝鮮侵略（日本側では「文禄・慶長の役」、朝鮮側では「壬辰倭乱・丁酉倭乱」と呼びます）を始めると、清正は小西行長とともに先鋒として積極的に戦いました。その背景には、当時の清正の領国が財政難で領土拡張を必要とした事情もあったようです。1592年に釜山に到着した清正は、破竹の勢いで首都漢城に達し、さらに北上して二王子を捕虜とし、豆満江を超えてオランカイ（兀良哈・中国東北部）にまで進入しました。この頃、虎狩りや亀甲車と呼ばれる兵器の製作などが逸話として伝えられ、また朝鮮の人々からは「犬、鬼上官」などと呼ばれて恐れられました。現在の韓国でも清正は、

加藤清正（1562～1611年）是豐臣秀吉旗下有力的武將，留下許多為人津津樂道的逸聞。秀吉死後，他選擇加入德川家康陣營，當上肥後（今熊本縣）的領主，為現今的熊本平原奠定根基。

　　清正和豐臣秀吉同鄉，從小就追隨秀吉左右。由於在賤之岳戰役中衝鋒陷陣，被譽為「七槍勇士」之一，開始嶄露頭角。之後加入秀吉的九州征伐，平定了肥後國的大半領土。豐臣秀吉侵略朝鮮（日本方面稱為「文祿・慶長之役」，朝鮮方面則稱為「壬辰倭亂・丁酉倭亂」）時，清正和小西行長共同擔任先鋒，奮勇作戰。這似乎也是因為當時清正因領地財政困難，必須設法擴張領土。1592年，清正抵達釜山後，便以勢如破竹地一路打到首都漢城，並進一步北上俘虜兩名王子，甚至越過豆滿江（圖們江）進入中國東北部的兀良哈（烏梁海）。有逸聞相傳，這時他殺過老虎、製作出名為「龜甲車」的兵器。當時朝鮮人十分畏懼清正，稱他為「狗、鬼上官」。如今在韓國，清正仍然常被拿來當作侵略朝鮮的代表人物。清正自始自終都主張要繼續戰鬥，但在石田三成和小西行長的推動下，談和政策進展順利，使得清正的立場越來越不利，後來1596年被遣返回京。隔年秀吉又發動慶長之役，清正再度和小西行長搭擋渡海當先鋒部隊。

しばしば朝鮮侵略の象徴的な人物として描かれます。清正は、一貫して戦闘継続を主張しましたが、石田三成と小西行長によって講和政策が進められていたため、次第に立場が悪化し、1596年には京に戻されました。翌年に秀吉が再び慶長の役をはじめると、清正はまたもや小西行長とともに先鋒として渡海しました。

　秀吉の死により帰国した後は、朝鮮での戦いで生じた石田三成との確執を深め、浅野幸長・鍋島直茂・黒田長政らと石田三成殺害を計画しました。関ヶ原では徳川家康につき、九州における東軍の中心として活躍し、小西・立花氏を攻撃しました。戦後は肥後一国を領有し、熊本城を建築しました。清正は築城の名手として知られ、名護屋城、蔚山倭城、江戸城、名古屋城などの築城にもかかわっており、また領内の治水工事にも取り組み、現在の熊本でも実用として遣われている清正の遺構は少なくありません。清正の死後まもなく、加藤家は江戸幕府によって改易されましたが、肥後国で清正は依然として崇拝され、細川氏が熊本城に転封されて来るさいには、清正の位牌をかかげて入城したといわれます。

由於秀吉死亡，清正返回日本，之後他和石田三成在朝鮮作戰時產生的不和加劇，曾與淺野幸長、鍋島直茂、黑田長政等人合謀，計畫殺害石田三成。在關原之戰時，清正追隨德川家康，成為駐九州東軍的核心人物，攻打小西與立花氏。戰後得到肥後一國的領地，建設熊本城。清正是眾所周知的築城大師，曾參與名護屋城、蔚山倭城、江戶城、名古屋城等的興建工程，也積極建設領地的治水工程。現在熊本還有不少清正留下來的遺蹟，而且仍在使用。清正死後不久，加藤家就被江戶幕府撤換下來，但肥後國的人依然對清正推崇備至。據說細川氏受轉封來到熊本城時，還高舉清正的牌位進城。

　　這裡簡單提一下近世的外交問題。豐臣秀吉的侵略，使得朝鮮半島嚴重受創，得花很久的時間復興，在朝鮮人心中留下深深的怨恨。然而日軍擄掠大批人員、陶瓷器，以及瓦片製法、金屬活字印刷等文化財產帶到日本，也間接促進了朱子學等近世文化及技術的發展，影響甚鉅。戰後朝鮮與江戶幕府談和，並以朝鮮派遣至江戶的朝鮮通信使為媒介，維持兩國和平，但其實底下有一種微妙的拉鋸：朝鮮派遣使者赴日，名義上是為了要德川將軍回覆國書，並遣返俘虜，但江戶幕府卻將之解釋為「道歉」「致謝」。因為幕府方面想透過矮化朝鮮，來提升將軍權力的威嚴性。

　ここで、近世における外交問題について簡単に述べておきましょう。豊臣秀吉による侵略により朝鮮半島は復興に長い年月を要する甚大な被害をうけ、朝鮮の人々の間には深い怨みが残されることとなりました。しかし、日本軍が大量の人員、陶磁器や瓦の製法、金属活字などの文化財を略奪して日本へ運び、それが朱子学など近世の文化や技術の発展をうながすという副産物をもたらした点は重要です。戦後の朝鮮と江戸幕府の間では講和が結ばれ、朝鮮から江戸へ向けて送られる朝鮮通信使を媒介として平和な関係が維持されましたが、それは以下のような微妙なバランスによるものでした。まず、朝鮮側の使者の名目は、徳川将軍からの国書に対する回答と捕虜の送還を目的としたものでしたが、江戸幕府側はこれを「お詫び」「お礼」として解釈しました。幕府側は朝鮮を格下として位置づけ、将軍権力の荘厳化に利用したのです。

　古来、中国大陸の王朝では、自分たちを文明の唯一の中心である「華（夏）」とみなし、周辺の文化を「夷」「戎」「蛮」「狄」などとみなす習慣がありました。

自古以來，中國大陸的王朝就習慣把自己視為文明的唯一中心──「華（夏）」，周邊地區的文化都當成「蠻」「夷」「戎」「狄」。這就是「華夷秩序」的世界觀。在近世之後，看到中國大陸的明朝被滿族的清朝推翻，幕藩體制下的日本，也開始形成獨自的「日本式華夷秩序」世界觀。在將軍繼位或繼承人誕生時，前來日本的朝鮮通信使，日本都把他們和琉球來的使節一樣，當成是來「進貢」的。另一方面，朝鮮則自許為中華文明的正統後繼者，這種「小中華」思想根深蒂固。近世的東亞，就是這樣多種中華思想並存的空間。然而到了18世紀後半，歐美的殖民地主義及資本主義浪潮衝擊到東亞，再加上明治維新政府開始決心仿效歐美建設現代化國家，使得東亞這樣的外交地圖被迫重新洗牌。

清正公像　→

「華夷秩序」の世界観ですが、近世になると、中国大陸
で明王朝が満州族の清王朝に滅ぼされたことも背景とな
り、幕藩体制下の日本においても、独自の「日本型華夷
秩序」の世界観が醸成されることになりました。将軍の
代替わりや世継ぎの誕生に際して来日する朝鮮通信使
は、琉球からの使節とともに、日本側では一般的に「来
貢」として認識されたのです。一方で朝鮮のほうでは、
自らを中華文明の正当な後継とみなす「小中華」の思想
が定着していました。近世の東アジアは、こうした複数
の中華思想が並立する空間だったのです。しかし、十八
世紀後半以降、欧米の植民地主義と資本主義の波が東ア
ジアに本格的におしよせたことと、明治維新政府が欧米
に倣って近代国家の建設を目指しはじめたことにより、
東アジアのこうした外交地図は根本的な再編成を迫られ
ることとなったのです。

第二十三回

うえ　すぎ　よう　ざん
上杉鷹山

 ～

1751～1822年

　上杉鷹山（1751～1822年）は、江戸時代中期の出羽国米沢藩主で、直江兼続や上杉景勝の創始した米沢藩を再興した人物です。

　鷹山とは隠居してからの号であり、本名は勝興、後に治憲といいます。日向高鍋藩主・秋月種美の次男として生まれ、10歳のときに上杉家の養嗣子となり、1767年に前藩主重定の隠居にともない第十代の米沢藩主となりました。当時の上杉家は、藩祖上杉景勝の意向により、会津時代の家臣団を転封後もそのまま召し抱えていたため、その人件費が慢性的に財政を圧迫していました。加えて農村の疲弊、寺社普請、災害、前藩主の奢侈などによって深刻な財政難にありました。

　それに対し鷹山は、一連の藩政改革によって財政を立て直したのです。家督を相続後まもなく、竹俣当綱と莅戸善政を補佐として、大倹約令を打ち出しました。また副代官、掛役の設置をはじめとする農村支配機構の整備、漆・桑・楮それぞれ百万本の植林計画や藩営縮織業による産業開発を進めました。天明期の全国的な大飢饉の折には、凶作と天候不順のため、東北地方を中心に膨

上杉鷹山（1751～1822年）是江戶時代中期出羽國米澤藩的藩主。直江兼續和上杉景勝建立米澤藩，他則是重新振興米澤藩的人物。

　　鷹山是隱退後的別名，本名叫勝興，後來改為治憲。他是日向高鍋藩主秋月種美的次子，10歲時過繼給上杉家當繼承人，1767年前藩主重定隱退後，繼位為第十代米澤藩主。當時的上杉家依照藩祖上杉景勝的意旨，轉換封地後仍繼續雇用會津時代的眾家臣，這筆人事費用慢性拖累財政。再加上農村經濟衰敗、修建寺廟、天災、前藩主行事豪奢等等，使得當時財政極為窘迫。

　　對此，鷹山進行一連串的藩政改革，重振財政。他繼位不久，就在竹俁當綱和莅戶善政的輔佐下，發布大儉約令。他整頓農村管理機制，包括設置副代官、掛役等職位，並實施漆樹、桑樹、構樹各百萬株的植林計劃，開設藩營的縐綢業，進行產業開發。天明年間全國大饑荒，由於作物歉收及天候異常，東北地方一帶有非常多人餓死。鷹山以推廣災害儲備糧食及緊縮財政的方式來因應，據說米澤藩沒有任何人餓死。他還創設藩校——興讓館，振興學問。他設立廣納民意的上書箱制度、改革地方官制、准許特定外地商人入駐，以利長期增產興業，在這些措施之下，到鷹山晚年時，藩的財政已重新步上軌

大な餓死者が出ましたが、鷹山は、非常食の普及や緊縮財政によって対応しました。米沢藩では、餓死者が一人も出なかったといいます。さらに藩校として興譲館を創設し、学問を興しました。上書箱の制や代官制度改革、領外特権商人の参加による長期の殖産興業などを通じて、鷹山の晩年に藩財政は持ち直し、次々代の斉定時代には借債を完済しました。

　鷹山の為政は、生前から評価が高く、幕府からもたびたび表彰をうけました。しかし、特に明治以降になると、鷹山に対しては多種多様な立場からの賞賛がなされ、一種の象徴的な人物として利用されることになります。まず、明治維新後には、それまで「東照大権現」として神格化されていた徳川家康が、「狸親父」としてしばしばマイナスのイメージで語られるようになりました。それに伴ない、関ヶ原の戦いで徳川に対抗した直江兼続の評価が高まり、その直江を敬った人物として、上杉鷹山が評価されるようになったのです。また、戦前の道徳教育である修身教科書では、鷹山が師をよく敬ったという故事が取り上げられ、儒教道徳的な観点から美談

道，到了他的下下一代藩主齊定時，還清了所有的負債。

　　鷹山的施政在生前就獲得很高的評價，也多次接受幕府的表揚。不過尤其在明治之後，許多人開始從各種不同立場對鷹山大加讚賞，把他當作一種象徵性的人物，加以利用。首先是在明治維新後，一向被神格化，尊為「東照大權現」的德川家康，開始常有人以負面評價稱他「老奸巨猾」。同時，在關原之戰中與德川對抗的直江兼續，風評則是扶搖直上，而對直江尊崇有加的鷹山，也開始受到肯定。在戰前道德教育的修身教材中，列入鷹山尊師的故事，以儒教道德觀點將之視為美談，大加讚賞。而基督教思想家內村鑑三，也在1894年英語著作Japan and Japanese（1908年修訂版改名為Representative Men of Japan，日文書名為《代表的日本人》）中，將上杉鷹山和西鄉隆盛、二宮尊德、中江藤樹、日蓮並列，視為代表日本的道德表率，頌揚備至。他的目的是要向歐美的基督教讀者強調，日本也有與基督教相當的公民道德。這或許可以說是在當時日俄戰爭的背景下，一種日本民族主義的表徵吧。

　　相對於此，戰後上杉鷹山則是被評為日本民主主義思想的源流之一，變得膾炙人口。因為鷹山在退隱時曾寫下一段話，意思是說：君主是為人民而存在的，並非人民為君主而存在。為了補強這種鷹山觀，大家常會引美國總統J.F.甘迺迪和比爾

として賞賛されました。さらに、キリスト教思想家の内村鑑三は、1894年に英語での著作Japan and Japanese（1908年の改訂版でRepresentative Men of Japanと改題。邦題は『代表的日本人』）で、日本を代表する道徳的人物として、西郷隆盛・二宮尊徳・中江藤樹・日蓮と並んで上杉鷹山をとりあげて賞賛しました。欧米のキリスト教徒の読者に対して、日本にもキリスト教に対応する国民的な道徳があったことをしめそうとしたのです。当時の日露戦争を背景とした近代日本のナショナリズムの表現といえるでしょう。

　それに対して戦後になると、上杉鷹山を日本における民主主義の思想の源流の一つとする評価が、人口に膾炙することになります。鷹山が隠居する際に、君主とは人民のためにあるのであって、君主のために人民があるのではない、という意味の言葉を書き残していたためです。そして、こうした鷹山観を補強するものとして、たびたびアメリカ大統領のJ.F.ケネディやビル・クリントンが引き合いに出されます。「日本で最も尊敬する政治家は誰か」という記者の質問に対して、「上杉鷹山であ

‧柯林頓為證，說記者問「最尊敬的日本政治家是誰」時，他們都回答「上杉鷹山」。其實這段談話的出處不明，不能確定甘迺迪或柯林頓有沒有這麼說過。但無論如何，這樣的世俗之說，表示在戰後日本的民主主義思想之上，還要利用美國總統來增強公信力，不免讓人覺得其中有和對美國自卑一體兩面的民族主義色彩。另外，近年推動「結構改革」的前首相小泉純一郎，也是知名的上杉鷹山粉。

　　歷史上的人物，就是像這樣被人們由各種不同的立場，描繪成各種不同的形象，給予不同的評價。有時候甚至不管這些人物實際上是怎樣的人。探討在不同的時代及社會背景，同一個歷史人物如何被描繪成不同的形象，也是一種「看歷史」的方式。

←藩校興讓館遺址紀念碑

る」と答えたというのです。実はこの話の出所について
ははっきりせず、本当にケネディやクリントンがそのよ
うに言ったのかどうかは不明です。しかしいずれにせよ
こうした俗説には、戦後日本の民主主義の思想に加え、
権威付けをアメリカ大統領に求めるという、アメリカに
対するコンプレックスと裏腹のナショナリズムが介在し
ているように思えます。そしてさらに、近年では、「構
造改革」を進めた小泉純一郎元首相が、上杉鷹山のファ
ンであることも有名です。

　このように、歴史上の人物は、さまざまの立場からさ
まざまに描かれ、評価されます。その当人が実際にどの
ような人間であったのかとは、あまり関係ないことさえ
あるのです。時代や社会的な背景によって、同一の歴史
人物がどのように違った形で描かれるかを検討するの
も、「歴史を読む」ための一つの方法といえるでしょ
う。

作者介紹
笹沼俊曉

　　現任：東海大學日本語言文化學系副教授

　　學歷：日本筑波大學文藝言語研究科博士

　　曾任：慈濟大學東方語文學系專任助理教授

　　學術專長領域：日本近現代文學，日本近現代思想史，

　　　　　　　　　東亞比較文化

　　主要著作：

　　《「国文学」の思想—その繁栄と終焉—》（東京：学術出版
　　会，2006）、《リービ英雄—〈鄙〉の言葉としての日本語》
　　（東京：論創社，2011）、《「国文学」的戦後空間—大東亜
　　共栄圏から冷戦へ—》（東京：学術出版会，2012）

譯者介紹
林彥伶

　　學歷：東吳大學日本語文學系碩士

　　　　　日本愛知學院大學文學研究科博士

　　曾任：明道大學應用日語學系專任助理教授

　　翻譯作品：

　　快樂聽學新聞日語1～3（鴻儒堂出版社，2013～2017）

　　現今社會 看漫畫學日語會話（鴻儒堂出版社，2015）

　　新日本語能力測驗 考前衝刺讚 聽解N3（鴻儒堂出版社，2019）

鴻儒堂出版　日本古典文學叢書

中日對照　竹取物語

左秀靈　譯

《竹取物語》是日本古代小說的鼻祖，文筆簡潔、渾厚、天然，富漢文訓讀的要素，是假名文的黎明期作品。本書內文包括竹取物語全文的現代日語譯文、古語原文、古語注釋，並有譯者左秀靈老師精譯的中文譯文，及是日語學習者接觸日語古文世界的最佳入門書。

定價350元

雨月物語

上田秋成　著／左秀靈　譯

本書原著為脫胎於中國古老的怪異小說，譯者以平易近人的筆法譯成中文，並有附加注釋，短者插入正文中，較長者附於每篇之末，使讀者能夠徹底欣賞，輕鬆閱讀。

定價250元

源氏物語

紫式部　著／左秀靈　譯

本書原著是震爍世界文壇的日本古典文學鉅著，文筆細膩、情節曲折，詩、典故極多，譯者為了使讀者欣賞這部鉅著，經過長時間的反覆研讀後，將其濃縮精譯，艱深難懂的部分口語化，讓讀者易於閱讀，可說是源氏物語的入門書。

定價250元

日本小倉百人一首和歌中譯詩

何季仲　譯

本書一百首漢譯詩均以七言絕句方式呈現，並標示出每一用字的平仄聲及每首詩歌所押的聲韻。將膾炙人口的「百人一首」日本古典作完整的漢譯，在日本詩歌漢譯史上甚為罕見。附錄中將和歌及漢詩中之用詞分別加以說明，仔細參照玩味有助於對中、日文學的瞭解和比較。

定價180元

日文漫畫 依田秀輝作品集　內文皆為日文 每冊定價300元

看日文漫畫了解50位偉人的故事

以淺顯易懂的日文漫畫介紹南丁格爾、野口英世、宮澤賢治、愛迪生、居禮夫人……等世界各地不同領域50位偉人激勵人心的奮鬥史，以及充滿愛與感動的生平事蹟。適合親子一同閱讀。附人物歷史年表。

日文漫畫 偉人傳推動日本發展200人
日文漫畫 偉人傳轉動世界巨輪200人

分別按照時代詳細介紹對日本及世界，在政治、文化、宗教、藝術、科學等領域有重大影響200位偉人生平，是適合各年齡層一同閱讀的人物傳記。

國家圖書館出版品預行編目資料

大河劇中的幕末.戰國：日本歷史人物 / 笹沼俊
　曉著；林彥伶譯. -- 初版. -- 臺北市：鴻儒堂,
　民108.09
　面；　公分
　中日對照
　ISBN 978-986-6230-43-1(平裝附光碟片)

　1.傳記 2.日本

783.11　　　　　　　　　　　108012690

大河劇中的幕末・戰國
日本歷史人物

附MP3 CD　定價：280元
2019年（民108年）10月初版一刷

著　　　者：笹 沼 俊 曉
譯　　　者：林 彥 伶
封面設計：盧　啓　維
錄　　　音：仁 平 美 穗╱本 田 善 彥
錄音監督：仁 平 正 人
錄 音 室：冠全錄音視聽公司
發 行 所：鴻儒堂出版社
發 行 人：黃　成　業
地　　　址：台北市博愛路九號五樓之一
電　　　話：02-2311-3823
傳　　　真：02-2361-2334
郵政劃撥：01553001
E-mail：hjt903@ms25.hinet.net

鴻儒堂出版社設有網頁，歡迎多加利用

網址：http://www.hjtbook.com.tw